Grain de Sinapi

ISBN 978-2-9575942-0-7
Dépôt légal : décembre 2020

www.graindesinapi.fr

« Et il disait : "Comment allons-nous comparer le Royaume de Dieu ? Ou par quelle parabole allons-nous le figurer ? C'est comme un grain de [Sinapi[1]] *qui, lorsqu'on le sème sur la terre, est la plus petite de toutes les graines qui sont sur la terre ; mais une fois semé, il monte et devient la plus grande de toutes les plantes potagères, et il pousse de grandes branches, au point que les oiseaux du ciel peuvent s'abriter sous son ombre." »*

Marc **4**, 30 - 32 [2]

---

1 *Sinapi* : terme grec (*σίναπι*), que l'on trouve dans la Bible, qui désigne une plante de la famille des brassicacées (anc. : « crucifères ») et qui se traduit en français par « sénevé ». Le sinapi serait la moutarde noire aux propriétés révulsives. La plante, se développant à partir d'une très petite graine, porte la symbolique de l'incroyable croissance ou de l'incroyable effet d'un phénomène au départ négligeable.

2 Sauf mention particulière, les citations de la Bible sont extraites de la Bible de Jérusalem, Éd. Cerf, 1973.

Parle-moi de (ton) Dieu et je te dirai qui tu es…

Le propre de l'homme est de pouvoir saisir sa propre finitude ontologique au sein d'un connaître qu'il cherche toujours plus grand, et, par là, d'atteindre la contingence du monde et de poser l'ultime question existentielle : « *Pourquoi y a-t-il quelque chose plutôt que rien ?* [3] ». Cette interrogation s'exprime jusque dans le cœur de chacun, dans son étonnement d'être.

Avant d'engager la réflexion, il convient, en priorité, de se demander quel sens peut avoir cette question – et pourquoi la poser –, afin de comprendre que l'enjeu se trouve aussi en partie dans le cheminement nécessaire pour y répondre. Le *pourquoi ?* demande une cause, qui s'étaye sur notre rapport au monde et sur la recherche d'une vérité, d'une entité qui soit nous transcende, soit raisonnablement nous légitime. C'est là le souci du *sens* qui caractérise notre Humanité, pour la justifier et dépasser un « rien » qui la relativiserait.

---

[3] Gottfried Wilhelm LEIBNIZ, *Principes de la nature et de la grâce fondés en raison*, 1714.

Ce en quoi je crois,

Je crois en une Entité absolue, une Présence infinie, omnisciente et omnipotente qui transcende toutes choses[4]*, à l'origine de toutes choses, mais conceptuellement et « raison-nablement » accessible, douée d'un affect singulier et infini*[5]*. Elle doit m'être familière pour que ma nécessaire finitude dotée de liberté, pour que la conséquence de choisir (vivre) dans ce contexte – avec, fatalement, ses lots d'erreurs imputables à une causalité qui, pour finir, nous échappe – ne soient pas le sujet d'un scandale, car avec cette proximité tente de disparaître le jugement inconcevable d'une « faute » qui serait héritière de ma condition de finitude*[6] *du moment – sous-entendu que cette Présence constitue l'assurance de l'infinie permanence de l'essence qui me spécifie. Ici doit se définir mon éternelle responsabilité devant mon Prochain, en quoi et en qui se trouve mon éternel et ontologique progrès.*

---

4 Le terme « chose » sera de nombreuses fois utilisé de façon générique en référence aux éléments qui constituent notre réalité. Cette notion doit dès à présent être débarrassée de toute considération objective (référence à des éléments physiques, tangibles) pour ne désigner finalement que ce qui se manifeste, sans volonté d'en attester, en premier lieu, rationnellement la nature.

5 S'il n'y a pas d'Absolu, alors le fondement d'une éthique devient relatif à la personne de chacun, c'est dire qu'il n'y en a plus : *Si Dieu n'existe pas, alors tout est permis* – réflexion que l'on doit particulièrement à Fédor Mikhaïlovitch DOSTOÏEVSKI exprimée dans *Les Frères Karamazov* : « *Qu'arriverait-il si Dieu n'existait pas* […] *Tout est donc permis alors ?* », Éd Rencontre, 1968, tome 2, p. 368, 369.

6 Qu'il n'y ait pas de jugement de l'Absolu ne me soustrait pas, sur le plan de l'essence même de l'Être, à ma responsabilité de m'engager volontairement dans une action qui porterait atteinte à mon Prochain, ni aux conséquences d'une attitude contraire à l'éthique. Ainsi, si l'Être transcende l'étant, nous verrons qu'il peut y avoir un jugement au sens d'une inflexion « morale » qui touche, au plus profond, le cœur même de notre Être, mais que cette situation n'est pas du fait de l'Absolu, même si d'une certaine façon elle peut parfois en être constitutive.

« *Pourquoi y a-t-il quelque chose plutôt que rien ?* »

Satisfaire à cette question appelle une double démarche :

– d'une part, tenter de répondre de l'origine du monde, par la connaissance qu'apporte la science (pour autant que ce soit son objet), par la raison pure (logique d'une Transcendance nécessaire), si cela est possible, ou par la spiritualité (dogme ou intuition) et, selon la voie, appréhender le principe de causalité, l'Absolu (au besoin d'une cause première) ou le néant (?), chacun de ces éléments participant partiellement ou en totalité à l'objectif suivant le prisme adopté[7] ;

– d'autre part, qualifier notre rapport au monde, ce que nous comprenons de ce rapport, comment nous assimilons les choses. Il convient d'intégrer que le monde manifesté s'inscrit dans une

[7] La réflexion sur la contingence du monde et la question de sa cause première ponctuent l'histoire de la philosophie occidentale (continentale ou analytique, principe de raison suffisante, principe d'identité, logique modale) comme orientale : Parménide (« *L'être est et le non-être n'est pas.* », *De la nature*, v. 490 av. J.-C.), Aristote, Avicenne, Thomas d'Aquin, René Descartes..., mais aussi Gottfried Wilhelm Leibniz, Emmanuel Kant..., et plus récemment Robert Charles Koons, William Lane Craig..., ou encore Frédéric Guillaud, essayiste, dans *Dieu existe : Arguments philosophiques*, Éd. Cerf, 2013.

chaîne causale d'événements jusque dans notre physiologie (pour finir cérébrale), au seuil de l'étincelle de notre entendement.

Dans cette démarche, l'analyse des éléments philosophiques, scientifiques et théologiques doit préciser les limites des concepts ou des principes avancés. Il faut encore, pour atteindre une cohérence intégrale[8], articuler ces limites entre elles, les décloisonner, les rassembler, pour dégager ou pour produire, par opposition ou par complémentarité, un nouveau niveau d'information, qui pourrait éclairer d'une façon différente les concepts ou les principes initiaux, permettant d'établir alors de nouvelles conclusions plus globales[9].

---

8 L'enjeu est bien, comme déjà évoqué et comme cela sera développé ensuite, de définir un sens qui, recouvrant l'ensemble du connaître, le sublime, car à quoi servirait de progresser en connaissance si cela ne participe pas à plus d'éthique qui ne nous soit pas que relative, mais aussi dictée par une certaine transcendance nécessaire ? (Se souvenir : « [...] *science sans conscience n'est que ruine de l'âme* [...] », François RABELAIS, *Pantagruel*, 1532 – où l'âme introduit toute la dimension spirituelle à apprécier, même si la formule usitée nous l'a fait un peu oublier, en considérant que l'approche de l'Absolu ne doit pas être seulement la propriété de la pensée de l'ordre religieux).

9 Ce qu'appelait déjà de ses vœux Pierre Teilhard de Chardin :

« *Comme il arrive aux méridiens à l'approche du pôle, Science, Philosophie et Religion convergent nécessairement au voisinage du Tout. Elles convergent, je dis bien ; mais sans se confondre, et sans cesser, jusqu'au bout, d'attaquer le Réel sous des angles et des plans différents.* », Pierre TEILHARD de CHARDIN, *Le Phénomène humain*, Éd. Seuil, coll. Œuvres de Teilhard de Chardin, tome I, 1955, p. 22.

Cette approche s'ébauche aujourd'hui dans une nouvelle épistémologie dite « complexe » ou « systémique ».

Avant toute chose, le monde s'impose à nous par l'information que nous recevons, essentiellement suivant ce que nous traduisons par « rayonnement[10] ». Nos corps ne sont que les modems (modulateur/démodulateur) ces signaux que nous recevons et que nous agençons. Et, bien avant notre conscience de notre finitude distinguée, chaque composant de notre corps, jusqu'à la plus petite partie fonctionnelle, reçoit, transforme (« compile ») et renvoie des signaux dans son milieu. Tout n'est que « modem » et la vérité, le substrat des choses, en dernier lieu, nous est inaccessible. Que pouvons-nous dire de notre propre décodage du monde, dans la mesure où la « matière » accessible à notre raison est déjà le résultat d'une transformation ? Quoi que nous fassions, les éléments en entrée de notre entendement sont déjà le résultat d'une interprétation ; situation physiologiquement intrinsèque[11]. Ce qu'est en réalité un objet jusqu'à

10 Note sur certains termes entre « guillemets » : notre perception du monde est constitutive des facultés et des organisations qui caractérisent notre finitude. En cela, la qualification des choses et des événements, les éléments du langage et les mots pour la formaliser sont nécessairement empreints de cette limite et renvoient ainsi une *vision* inappropriée de ce que peuvent être objectivement les faits, le réel. Aussi, relativement aux arguments et aux conclusions ici présentés, les choses étant ce qu'elles sont, pour tenter de dépasser cette situation, certains mots ou certaines expressions seront fréquemment proposés entre guillemets afin de traduire cette relativité, et notamment la locution latine « *ex nihilo* », expression d'un « à partir de rien » au cœur de notre réflexion.

11 « *Nous ne voyons pas les choses telles qu'elles sont. Nous voyons les choses telles que nous sommes.* », maxime populaire souvent associée au traité « Berakhot 55b » du Talmud suivant une extrapolation de la parole de Rabbi Chemouel bar Na'hmani : « [...] *Rabbi Yonathan a dit :*

l'appréhension de l'infiniment petit, au travers de sa manifestation et de notre perception subjective, est inconcevable, la nature même des choses est objectivement inatteignable[12] : « Information »...

Il en va de la définition des éléments comme de la définition des événements. L'information ne réside pas uniquement dans la dynamique du changement d'état des choses, ou dans la dynamique de leur opposition phénoménale, en quoi elles existent et se manifestent. Elle est déjà dans cette définition qui nous échappe de la chose, qui se dégage *en négatif* de l'expérience (indépendamment du perceptible, de la qualité du « récepteur »...), la chose en soi, serions-nous tentés de dire, information intangible de sa définition réelle *versus* information de son expression dans l'observation que nous en faisons. Au-delà de la qualité de la réception ou de l'expérience spécifique, il y a un invariant qui *en négatif* se « manifeste », se « devine », de la chose en soi, fût-ce seulement d'une relation « précipitée » de l'environnement, une information qui transcende donc l'environnement lui-même et

---

"On ne montre à une personne que les méditations de son cœur" [...] » le Talmud – Adin STEINSALTZ, trad. française Rabbin Jean-Jacques Gugenheim, Éd. Biblieurope, tome X, 2002, p. 30 (replacé dans son contexte : « [Dieu] *ne montre à une personne* [dans le rêve] *que les méditations de son cœur* [choses auxquelles elle est sensible en mode éveillé] » ; soit, transposé, qu'en dernier lieu, l'homme ne restitue pour lui-même – état de conscience – que ce qu'il est en mesure de recevoir, de percevoir. Autrement dit, sa perception dicte la façon dont il voit les choses).

12 Cela n'autorise pas pour autant à nier la chose au profit du phénomène, voire, en fin de compte, à douter du phénomène, mais doit nous inviter à reconsidérer la nature des choses et celle du phénomène. Dans le jeu des relations et de l'interdépendance des éléments, y compris notre dimension humaine, il n'y a rien qui soit tel que nous le traduisons directement :

– d'une part, le phénomène (qui définit notre « réalité ») est toujours relatif à une expérience spécifique dans un contexte plus global qui a sa part d'interaction sur la chose (d'une façon générale, est-il raisonnable de concevoir la chose en soi, isolée de tout son environnement ? – *voir la vacuité bouddhique des Êtres et des choses.* – D'une façon plus particulière, la mécanique quantique nous enseigne que la particule élémentaire tient ses propriétés de son environnement « virtuel » immédiat : masse, charge) ;

– d'autre part, la « réalité » des choses dépend du référentiel d'interprétation du phénomène, et il y a autant de « réalités » que de référentiels d'interprétation possibles. D'une façon plus pragmatique, nous ne voyons pas le monde comme une chauve-souris ni comme une abeille, et, modifiant nos attributs de perception, d'analyse (outils conceptuels ou de laboratoire), la « matière » se révèle encore relativement à ces outils (« dualité » onde-corpuscule en mécanique quantique : aspects antinomiques d'une même réalité).

l'expérience. Cet invariant s'identifie seulement dans ce que nous tentons alors de qualifier, de formaliser de cette expérience[13].

À notre niveau d'organisation, nous avons malgré tout un terme pour exprimer, qualifier ce lot, ce niveau d'information : le *concept*. Même si cette notion ne peut recouvrir la définition nouménale (complète, réelle) de la chose ou de l'événement, elle cible, relativement à notre finitude et à l'expérience que nous en avons (relation), cette définition. Il y a un concept « absolu » de la chose que nous ne saurions atteindre, dont nous ne saurions parler.

Le concept de la chose n'est pas la chose, mais *informationnellement*, la chose « est » déjà dans son concept. D'ailleurs, dans un ordre événementiel logique, avant la chose « réelle », il faut la chose « possible[14] », et le concept de la chose possible n'est en rien différent

---

[13] « *Yahvé Dieu modela encore du sol toutes les bêtes sauvages et tous les oiseaux du ciel, et il les amena à l'homme pour voir comment celui-ci les appellerait : chacun devait porter le nom que l'homme lui aurait donné. L'homme donna des noms à tous les bestiaux, aux oiseaux du ciel et à toutes les bêtes sauvages* [...] », Genèse **2**, 19-20.

Le nom de la chose est la première « clé » de l'élément qui se fonde dans la première information échangée et mémorisée. Le nom détermine la chose.

[14] Il convient de définir ici ce que l'on désigne par chose possible ou, plutôt, quelle relation la chose possible entretient avec la chose réelle. L'existant témoigne évidemment de son possible et nous donne nécessairement à en connaître rétrospectivement depuis l'expérience que nous en faisons (ce qui a fait dire à Henri Bergson : « [...] *le possible n'est que le réel avec, en plus, un acte de l'esprit qui en rejette l'image dans le passé une fois qu'il s'est produit.* », *La Pensée et le Mouvant*, Éd. Presses universitaires de France, 2013, p. 110, étayant son propos que l'expérience artistique produirait simultanément la définition et la conception de son objet, ou que la création pure se détacherait nécessairement en partie ou en totalité du passé, et sont donc des phénomènes non prédictibles qui ne s'inscrivent alors dans aucun possible antérieur – *voir aussi en annexe un complément sur ces points*).

Ce retard épistémologique n'autorise toutefois pas à conclure, d'une part, qu'il n'y a pas de définition préalable du phénomène et que, d'autre part, nous ne puissions, suivant certaines conditions, appréhender le possible que l'expérience tardera à confirmer. Il ne peut être réfuté l'antériorité d'un possible (soit un possible en devenir) au prétexte de la limite de notre rationalité du moment, qui, nécessairement, le conditionne et le travestit ; tout juste peut-on préciser que ce n'est pas parce que la possibilité des choses précède leur existence que celles-ci sont prédictibles – plus à propos : que ce possible est accessible par l'esprit humain. La chose possible doit s'entendre, dès à présent suivant une approche qui dépasse notre entendement, lequel borne le possible aux conditions nécessairement relatives de notre connaissance, c'est-à-dire que le concept considéré soit *cohérent*, *non-contradictoire* et *compatible* avec les conditions de l'expérience, et en cela rationnel à ce niveau de connaissance. Dans l'absolu, la chose possible (potentiellement en devenir) est simplement régie par des règles, des lois, conférant à l'élément réel visé la propriété d'être compatible avec son milieu d'émergence, soit stable, « stable » non pas nécessairement de façon continue, mais dans tous les cas suivant une situation identiquement reproductible, que ces règles ou ces lois nous soient connues ou non. La possibilité des choses réside dans les lois physiques, biologiques, etc., du monde, et le monde n'a pas attendu notre connaissance de ses lois pour être, et nous n'avons pas fini de les

du concept de la même chose « réelle » ; mieux, dans l'ordre du pensé, la chose possible ne se distingue pas de son concept… ces notions prises même à notre niveau d'entendement. L'information conceptuelle précède, transcende l'étant[15], elle est sa (pré)définition. Toute chose doit être absolument conceptualisable pour être (indépendamment de notre maturité à le faire) – à l'inverse, bien sûr, tout concept n'a pas la possibilité de devenir une réalité. Mais ce niveau d'information n'est pas encore le plus radical, le plus irréductible qui anticipe le phénomène, au sens d'en être la source.

Puisque le monde (notre niveau d'information) est, c'est, bien sûr, que nécessairement il pouvait être, soit encore qu'il était potentiellement existant.

Suivant cette perspective, la potentialité est la possibilité que s'actualise le concept suivant l'environnement (référentiel[16]) où il se définit, soit de pouvoir passer du signifié à l'« existant » (ou signifiant, ce que nous percevons de cet existant). La potentialité d'une chose ou d'un événement est la relation possible et stable[17] des éléments qui constituent (définissent) cette chose ou cet événement entre eux, mais également avec l'environnement dans lequel s'objective le

---

découvrir. Notre aptitude à envisager le prévisible ne peut se confondre avec le possible en devenir des choses.

15 L'étant n'est que l'information du concept manifesté, actualisé dirons-nous bientôt.

16 La notion d'*actualisation* est toujours relative à un référentiel donné. Par référentiel, il faut entendre un cadre « environnemental » caractérisé par des règles et des lois qui lui sont propres : l'espace de la microphysique des particules, l'espace macrophysique de la matière stabilisée, l'Univers, l'espace ou monde du vivant, l'« espace » de l'Esprit qui se manifeste dans notre Humanité, cela pour la limite de notre connaissance et de notre entendement. Concernant ce qui nous est accessible, on évoque généralement le terme de *niveau de réalité* :

> « *Bien entendu, nous devons distinguer* Réel *et* Réalité. *Le* Réel *signifie ce qui est, tandis que la* Réalité *est reliée à la* résistance *dans notre expérience humaine. Le Réel est, par définition, voilé pour toujours, tandis que la Réalité est accessible à notre connaissance. Il faut entendre par* niveau de Réalité *un ensemble de systèmes invariant à l'action d'un nombre de lois générales : par exemple, les entités quantiques soumises aux lois quantiques, lesquelles sont en rupture radicale avec les lois du monde macrophysique.* », Basarab NICOLESCU, *Nous, la particule et le monde*, Éd. E.M.E., 1985, p. 98.

La notion d'*actualisation* sera ici désormais comprise comme le processus d'émergence au niveau de l'étant.

17 Relation stable, comme déjà signalé, pas nécessairement une relation stable de façon continue, mais, dans tous les cas, une relation reproductible.

phénomène[18]. Dans le respect de l'intégrité des choses (de leur concept), la définition de cette relation, si complexe soit-elle, qu'elle soit à notre portée ou non, est *in fine* irréductible. *Crescendo* : pourquoi les constantes de la physique, pourquoi et comment l'arsenal mathématique, les lois physiques, les propriétés des « particules » élémentaires, les lois de la chimie et de la biochimie, les propriétés du vivant (organique puis psychique), etc., et, en tout dernier lieu, les relations en support de notre individualité[19] ? C'est encore une information qui porte cette relation possible en devenir (qui en est constitutive, qui l'ordonne même, au sens de loi « physique ») des signifiés déjà présents pour produire un nouveau niveau d'information, de nouveaux signifiés et nécessairement de nouveaux « existants » (signifiants), car c'est sa raison d'être. C'est une chaîne informationnelle de complexification récursive, organisée par niveau de signifié. Par *niveau de signifié*, il faut entendre toute organisation d'information stabilisée (ici l'information définitionnelle des choses, manifestée ou non, ou périodiquement identifiable, donc dans ce dernier cas périodiquement « manifestée » qui peut être déjà le résultat de relations d'états stabilisés inférieurs[20]). L'information relationnelle crée *crescendo* les choses, de l'infime à… tout ce qui est inaccessible à notre conscience, en passant par l'Univers, elle en est constitutive bien que non identifiable isolément aux choses comme partie de leur définition, elle en assigne ce que nous appelons les « propriétés ».

Comme le concept devance l'étant, la notion de potentialité devance (et dépasse) la notion de concept, au sens qu'elle encadre son actualisation.

---

18 Il en est ainsi de toutes les lois qui régissent le monde organique du vivant comme le monde physique de la matière. Il n'y a pas de chose en soi qui soit indépendante des autres, reprendre également la note de bas de page n° 12, p. 16.

19 Ici, les éléments exploités par le principe anthropique, qu'il faut toutefois prendre avec distance suivant ce qui sera développé après, que l'on considère le principe anthropique faible ou que l'on considère le principe anthropique fort.

20 Pour étayer cette dynamique, la relation mathématique préexiste au phénomène qu'elle régit. Elle constitue la stabilité du phénomène (sa présence et sa reproductibilité).

La notion de « potentialité » est intrinsèquement irréductible. Il y a là comme le *quantum* du signifié (de l'actualisé – du manifesté –, *rétrospectivement*), du signifiable (c'est le propre de la potentialité), au sens de son intégrité finale (informations relationnelles qui portent la condition d'existence et le sens[21]), et non de sa composition (information définitionnelle : quark, proton, électron, atome, molécule, cellule, organe, etc.). Dit autrement, l'information relationnelle devance l'actualisation de l'information définitionnelle des étants, car elle en qualifie les échanges internes/externes qui les mettent en situation, que l'actualisation ait cours ou non (que le monde soit ou ne soit pas). Le vide de définition, d'information n'existe pas.

Nous comprenons dès lors que, pour tenter de parler du néant absolu, nous devrions en parler au conditionnel. Le néant absolu devrait exclure toute conceptualisation, son propre concept. « Lieu » sans relation (sans « conjugaison »), situation qui exclut toute information, situation insignifiable, c'est encore dire qu'il n'y a pas de potentialité qu'il soit[22].

La question « *Pourquoi y a-t-il quelque chose plutôt que rien ?* » est une pure abstraction conceptuelle s'opposant à l'Être pris jusqu'à l'essence de sa racine définitionnelle ici abordée, qui, en pur non-sens,

---

21 Le sens de l'âme, de l'identité des choses et du vivant – de la particule élémentaire stable manifestée comme de la particule virtuelle jusqu'à l'Être qui se manifeste : *Je suis un homme,* plus : *je suis cet être spécifique et unique qui réfléchit sur les notions ici présentées*. Ici s'opère l'Unité de toute chose manifestée, de toute individualité.

22 La plus belle preuve que le néant ne peut pas être, n'est-ce pas que nous tentions d'en parler ? Et il est absurde de rechercher une quelconque relation historique entre le « néant » et l'Univers, car, comme déjà évoqué, notre présence rend absurde la notion même de néant. Dit d'une autre façon, il est même absurde de raisonner pour contester une puissance causale au néant ou de soupçonner la contingence de ce qui s'y oppose. La notion de néant est un pur non-sens, et les dernières tentatives scientifiques qui *hypothèsent* dans son acception « *matièr*-ielle » la création de l'Univers à partir de rien (à partir des fluctuations énergétiques du vide quantique produisant « *ex nihilo* » des particules furtives – dites « virtuelles » – capables d'engendrer des particules stables, et donc l'Univers) ne changent rien à ce sujet. Il y a là un vide de « matière », certes, mais pas un vide de sens. Mieux, c'est ici la démonstration qui corrobore la conclusion suivante : le vide est « rempli » de particules potentielles qui prédéfinissent nos particules « réelles ». Toute émergence « *ex nihilo* » est nécessairement totalement conséquente de sa définition et des règles de sa relation *a priori* (d'être) avec son milieu d'émersion, fût-il physiquement « rien » au départ (suivant notre entendement).

surprise !, vient manifester par opposition cette essence et ainsi, dans la démonstration, justement révéler la transcendance à l'Être.

La potentialité de toute chose est par essence de toute éternité, ici, l'information irréductible de la dynamique du germe de ce qui sera[23]. Toute chose a sa définition[24], se conceptualise avant de se révéler et a le potentiel de se conceptualiser pour potentiellement être et grandir.

Il y a là quelque chose que nous ne saurions définir plus avant, qui transcende tout entendement...

Par là se manifeste l'Esprit, « Espace » informationnel (immatériel), « Espace » sans dimensions (ou infini), sans dimensions au sens des mesures que nous concevons (spatialement, mathématiquement), mais « Espace » au sens de contenant comme l'est notre mémoire, champ d'expression de notre conscience.

Au commencement était l'information de toute chose, l'information de l'information, l'information de sa propre « conjugaison » et de sa propre « grammaire » (information aussi de son organisation, de sa dynamique), phénomène informationnel récursif et imprédicatif, miroir du miroir, « Espace » forcément infiniment néguentropique (information de l'information)[25]. N'y a-t-il pas là comme la dynamique

---

23 « *Je crois que ma vie en physique s'est divisée en trois périodes. Dans la première période, s'étendant du début de ma carrière jusqu'au début des années 1950, j'étais sous l'emprise de l'idée que tout était fait de particules* [...] *Dans ma deuxième période que tout était fait de champs* [...] *Maintenant, mon impression est que tout est fait d'information.* », John Archibald WHEELER, *Geons, Black Holes and Quantum Foam : A Life in Physics*, Ed. W. W. Norton & Company, 1998, p. 63, 64 – réflexion qu'il résumera dans sa célèbre expression « *It from bit* ».

24 Au sens nouménal, ici déjà se définissent les propriétés qui préfigurent l'information constitutive du principe d'émergence (le tout possède parfois davantage de propriétés que la seule somme des propriétés de ses parties, ou encore les propriétés résultant du tout ne sont pas réductibles aux propriétés de ses parties et sont donc inhérentes à son identité propre – *voir également annexe*) et qui fondent la part holistique de la chose. Il n'y a pas de chose en soi qui soit indépendante des autres.

25 Phénomène qui s'exprime dans l'espace *Âkâsha* (ou champ âkâshique) propre à la philosophie indienne, champ cosmique reliant tout à tout, au plus profond de la réalité, qui conserve et transmet l'information :

« [...] *l'univers tout entier est composé de deux substances. L'une est l'*âkâsha *; c'est l'existence omniprésente, qui imprègne tout. Tout ce qui a forme, tout ce qui est le produit*

d'une conscience[26] ? Se révèle ici l'Absolu, l'Esprit ou l'Être en tant qu'être, transcendant, omniscient et omnipotent, sans référence à ses manifestations ou qualités phénoménales, l'Être unique, infini et indifférencié[27], le *Ein Sof* de la Kabbale.

---

d'une combinaison provient de cet âkâsha. », Swâmi VIVEKÂNANDA, *Les Yogas pratiques*, Éd. Albin Michel, 2005, p. 373.

La Bible évoque également cette notion d'espace universel informationnel :

« *Je vois les morts, les grands et les petits, debout en face du trône. Les volumes sont ouverts. Un autre volume est ouvert, celui de la vie. Les morts sont jugés sur ce qui est écrit dans les volumes selon leurs œuvres.* », Apocalypse **20**, 12 ; André CHOURAQUI, *L'Univers de la Bible*, Éd. Lidis, tome IX, 1985, p. 525.

« [...] *Le tribunal siège, et les livres sont ouverts.* », Daniel **7**, 10, *ibid.*, tome VI, 1984, p. 161.

26 Dynamique que l'on retrouve dans la signification du tétragramme hébreux *YHVH*, nom que Dieu communique à Moïse dans le récit de sa Révélation, *in* Exode **6**, 2-3 : « *Elohim parla à Moïse et lui dit : "Ani Yhvh* [...] *"* ». *YHVH* se traduit généralement par « *Je serai ce que je serai* » ou encore « *Je deviendrai ce que je deviendrai* », issu de la racine trilitère *HYH* : « être », « devenir », cette forme se décline à la fois à la première et à la troisième personne du singulier (Je, Il) pour exprimer la totalité du « champ existentiel », révélé comme potentiel : le passé (J'étais), le présent (Je suis) et le futur (Je serai), l'accompli (tous les temps du passé pour englober tout le réalisé dans la durée : Je suis de toute éternité), l'inaccompli (tous les temps potentiels du futur, subjonctif et conditionnel, pour englober tous les possibles : Je n'ai pas fini de devenir) et le factitif (Je fais devenir)... N'y a-t-il pas déjà là toutes les propriétés de l'« Espace » avancé ?

Cette dynamique (qualifiée de néguentropique) est nécessairement liée à la complétude divine, cela sera précisé et développé ultérieurement, au fil des pages de cette réflexion, pour comprendre que la complétude appelle l'atemporalité. Ainsi, au lieu même de l'Infini, en amont de l'exprimé, faudrait-il retenir « *je suis ce que je suis* » et retrouver la parole de Dieu adressée à Moïse, *in* Exode **3**, 14 : « *Je suis celui qui est.* »

27 En note de bas de page n° 19 (p. 19), une mise en garde concernant le principe anthropique a été avancée. Ce qui, au terme des éléments maintenant rassemblés, peut désormais être développé. En effet, ce principe doit être qualifié d'une façon stricte sous peine d'être contradictoire, au final, avec ce qu'il souhaite démontrer. En premier lieu, le principe anthropique s'énonce à l'effigie de notre entendement pour prétendre que le phénomène dit « de la vie » est singulier à l'expérience de l'étant qu'il nous est donné de connaître. C'est, dans son principe faible, nécessairement l'expression d'une tautologie intrinsèquement réduite qui ne laisse la place à aucune autre tautologie ; autre configuration certes inaccessible à notre raison, où la « nature des choses et des relations » et la « conscience » qui en émaneraient seraient radicalement différentes. S'il peut exister un principe dit « anthropique » au sens de porter, à terme, un phénomène que l'on qualifie de Vie, ce n'est pas seulement dans la nécessité de constantes et de valeurs singulières dans les lois de l'Univers qu'il faut le reconnaître, mais dans la cohérence globale des systèmes établis. Lois, propriétés et valeurs singulières de l'Univers sont un ensemble indivisible. C'est ainsi, et seulement dans cette cohérence remarquable, que peut être réclamé l'Être transcendant nécessaire. Conclure à cette nécessité au prétexte que le phénomène dit « de la Vie » serait impossible suivant d'autres valeurs des constantes de la physique et dire qu'elles ont été forcément ajustées aux lois constatées nécessaires à l'accomplissement de notre environnement, c'est faire présomptueusement de ces lois une nécessité à tout phénomène s'identifiant à ce que l'on nomme « Vie ». Ainsi, ce principe, tel que généralement énoncé (dans sa version « faible » comme dans sa version « forte ») est contradictoire, en fin de compte, avec ce qu'il souhaite démontrer, « imposant » notamment à l'Être nécessaire, transcendant et omnipotent, lesdites

« *Au commencement était le Verbe* ["l'information[28]"], *et le Verbe* ["l'information"] *était avec Dieu, et le Verbe* ["l'information"] *était Dieu*[29] ».

Au travers du phénomène, de notre relation avec lui, nous percevons l'« Espace » particulier de l'information, ensemble des informations à la fois constitutives des relations (intra/extra-phénoménales) et descriptives du phénomène (information d'état qui

---

valeurs ou contraintes anthropiques, ce qui est un non-sens. Le phénomène dit « de la Vie » n'est pas né par hasard, mais son émergence n'est pas non plus le fruit d'un ajustement s'imposant à l'Absolu que nous aurions à découvrir. Il serait plus conforme que le phénomène qui nous est donné soit un phénomène ou contingent parmi d'autres phénomènes contingents possibles (nature et « lois » différentes), ici le choix de l'Absolu, ou dérive des propriétés mêmes de l'Absolu en causalité directe de celles-ci suivant alors un phénomène unique et invariable, mais il est encore trop tôt pour juger de cette dernière situation.

28 « *Au commencement était l'information.* », formulation déjà avancée par Jean-Pierre DUPUY, dans « Fabriquer de l'auto-organisation », *in* Revue *Teilhard Aujourd'hui*, n° 33, Lire l'Évolution, 2010, p. 60, dans l'interprétation de la formule « *It from bit* », de John Archibald Wheeler (*cf.* note de bas de page n° 23, p. 21).

De façon plus générique, il a aussi été écrit : « *Au commencement est la relation.* », Martin BUBER, *Je et Tu*, Éd. Flammarion, coll. Philosophie (Aubier), 2012, p. 51, ou, de façon plus spécifique sur le plan qui nous occupe, « *Au commencement est la Relation, c'est pourquoi les mathématiques règnent sur le réel.* », Gaston BACHELARD, *Études*, Éd. Vrin, 2002, p. 18, ce qui semble plus juste du point de vue de la genèse directe des choses, de l'Univers. Mais cela ne dit rien quant au milieu même de cette émanation. En effet, l'information est de toute éternité, elle précède, supporte et constitue la relation, elle est consubstantielle à la relation, mais cette dernière ne saurait être sans une situation définitionnelle des parties qui l'y autorise. Au commencement – manifestation de l'étant – est la relation, mais avant est l'information. Cela en fonction de ce que l'on souhaite exprimer de l'événement originel, de ce qui anticipait l'événement ou de ce qu'est l'événement. Cette double approche du commencement est formidablement et curieusement retranscrite par la culture hébraïque :

a) une référence à l'information (de façon allégorique) : le *Sefer Yetsirah*, « Livre de la Création » ou « de la Formation » – premier livre de la Kabbale ; l'ensemble de la Création et l'ensemble de la Parole sont issus du nom unique *aleph-beth* (alphabet) : « *Vingt-deux lettres de fondement. Il les a gravées et burinées. Il a combiné leur poids et les a interverties, et Il a formé selon elles tout le "*formé*" et tout le futur à former.* », Chap. 2, section 2.

b) une référence à la relation : le *Sepher ha-Zohar*, ou Zohar, « Livre de la Splendeur » ; le monde a été créé à partir de la lettre *Beth*, deuxième lettre de l'alphabet hébraïque de valeur numérique 2, par quoi s'opère la dualité et la multiplication.

Autre remarque importante : « *Le vrai sens de la lettre* beth *serait "ce qui est potentiel".* », Josy EISENBERG et Adin STEINSALTZ, *L'Alphabet sacré*, Éd. Fayard, 2012, p. 37. Cette assertion résume à elle seule ce qui est développé ici.

Faut-il rappeler l'étymologie du mot « information » ? Du verbe latin *informare* : action de former, de façonner. De façon plus avancée : « [...] *acte de donner une forme à l'esprit* [...] *de communiquer des connaissances* [...] », Sylvie LELEU-MERVIEL et Philippe USEILLE, « Quelques révisions du concept d'information », *in* Fabrice PAPY (dir.), *Problématiques émergentes dans les sciences de l'information*, Éd. Lavoisier, coll. Hermès Science Publications, 2008, p. 27.

29 Jean, Prologue.

dégage le concept – définition – des choses observées, actualisées comme potentielles). L'essence de cet « Espace » informationnel, l'essence de l'Absolu reste un mystère, mais il n'est pas complètement inconnaissable. Ultime « Phénomène », nous avons déjà évoqué sa similitude avec l'espace de notre mémoire. Notre connaissant (science, philosophie et religion)[30] a maintenant, dans un effort conjoint de ses parties, les moyens d'en comprendre une certaine dynamique pour concevoir, d'une part, l'acte même de la Création, ou le passage des choses potentielles aux choses actualisées, la relation même de cet « Espace » avec l'espace de l'étant, avec notre Univers et, d'autre part, ses qualités logiques aux fins parfois surprenantes.

---

30 Vous avez dit quantique, kantique ou cantique... ? Ou... les trois ?

Au travers de la mécanique quantique, la science intègre la création « *ex nihilo* » de particules dites virtuelles (car trop éphémères) à partir des fluctuations de l'énergie du vide quantique, particules virtuelles qui permettent à leur tour la création de particules stables, telles que nous les connaissons dans notre espace – ici le passage de particules potentielles (concept de la particule virtuelle) aux particules actualisées[31].

Cette création « *ex nihilo* », quand bien même permise par les équations et vérifiée expérimentalement, ne reçoit toutefois pas d'explication. À ce stade, la « particule » élémentaire (non décomposable) n'a pas d'autre source que l'énergie, sans précision du processus qui la sous-tend.

Cette création n'est envisageable qu'aux conditions d'énergie estimées aux premiers moments de la naissance de notre Univers (aujourd'hui trop froid). La modélisation de cette naissance s'arrête toutefois sur une limite à partir de laquelle les conditions soupçonnées du milieu ne sont plus intégrables, faute d'outils mathématiques

---

31 Rappel de la note de bas de page n° 22 (p. 20) : *le vide est « rempli » de particules potentielles qui prédéfinissent nos particules « réelles ». Toute émergence «* ex nihilo *» est nécessairement totalement conséquente de sa définition et des règles de sa relation* a priori *(c'être) avec son milieu d'émersion, fût-il physiquement « rien » au départ (suivant notre entendement).*

adaptés et éprouvés qui permettraient d'en préfigurer la dynamique de la *transition de phase*[32] nécessaire (en cosmologie, limite désignée par le terme « mur de Planck[33] »).

Malgré tout, les connaissances de la science (théorie de la relativité générale et mécanique quantique) peuvent « rejoindre » d'une façon particulière certains textes religieux et, si l'on veut bien les rapprocher et les conjuguer ensemble, ces acquis permettent alors d'avoir une vue « continue » et intègre des processus à l'origine de notre espace, qui l'unissent à l'Absolu, cet « Espace » de toute éternité qualifié d'« informationnel ».

Au travers des éléments qui vont suivre, gardons à l'esprit qu'en dernier lieu, suivant ce qui a déjà été avancé, nous ne parlons que d'information. N'oublions pas que la transition de phase recherchée est un processus de « conjugaison » (de relation) parmi d'autres de cet « Espace » informationnel[34]. Enfin, rappelons-nous que le phénomène « physique » (sa « réalité » matérielle), dont nous faisons partie, demeure le produit d'une interprétation de l'information manifestée – aussi, les mots et les expressions restent-ils relatifs à cette expérience qu'il faut pourtant dépasser[35].

---

32 *Transition de phase* : changement de niveau d'organisation.

33 En l'état actuel des connaissances scientifiques, limite conceptuelle qui termine l'ère de Planck, période cosmologique qui démarre à l'instant dit « zéro initial » de l'Univers et pendant laquelle les quatre interactions fondamentales (électromagnétisme, interaction faible, interaction forte et gravitation) sont « unifiées », situation que ne peut englober ni la relativité générale, ni la physique quantique, ces théories n'étant valables qu'au moment où la gravitation et les effets quantiques peuvent être étudiés séparément.

34 Cela sans que ce soit réducteur des attributs de l'Absolu (*ce qui sera développé ensuite*). Sans connaissance exacte de sa nature (que nous ne pourrons jamais avoir), que nous avons assimilée, par commodité, à son expression (« Espace » informationnel), nous devrions, pour plus de réserve, parler simplement de « manifestation ». Suivant la même remarque, le mot « information » traduit un phénomène d'émanation qu'en fin de compte on ne peut qualifier.

Quoi que nous tentions de définir du phénomène, quelles que soient les terminologies empruntées, l'interprétation de l'événement (particulièrement celui de la création) doit s'entendre au sens de la manifestation d'une relation (et non au sens d'un « sortir de »), de cette relation qui exprime l'actualisation d'une potentialité, qui porte le changement d'état de l'« Espace » envisagé.

35 *Cf.* notamment note de bas de page n° 10, p. 15.

Concernant ce moment singulier de la genèse de l'Univers, de la genèse des éléments « finis », la Kabbale introduit, contrairement aux autres textes religieux, le fait que le premier acte de l'Absolu nous concernant n'est pas un acte de création au sens de tirer quelque chose du néant (qui ne peut pas être), suivant le principe logique que l'Absolu, dans sa complétude, ne peut rien produire en l'état même de sa nature ; tout concept, toute chose et relation y étant déjà inclus (c'est aussi dire que ce que nous appelons le « créé » n'est pas, ne peut pas être, en son essence, de nature différente du Créateur). La seule différenciation qui puisse se faire passe alors par une « division » (une « fragmentation ») qui permette une approche, une expression différente de cet « Espace » de l'Absolu, conférant alors à l'« ensemble » (infini) des « parties » ainsi générées les moyens d'exprimer différemment l'unité originelle. C'est une transition de phase de cet « Espace » informationnel ; c'est aussi, suivant un terme déjà utilisé, une actualisation d'un niveau entropique inférieur, jusque-là contenu en l'état de potentialité. Les relations mêmes de cette transition comme les éléments de son sujet (au départ, pendant et à la fin, temporalité qui ne vaut bien entendu que pour ce qui s'objective) sont, dans tous les cas, déjà contenus potentiellement, donc déjà définis, en son sein[36]. La Kabbale ne parle pas exactement de « division », mais de « contraction » de l'Absolu. C'est ici le concept du *Tsimtsoum* (de l'hébreu צמצום, contraction, retrait)[37]. Le *Tsimtsoum* est

---

36 Potentialité et actualisation ne traduisent que le passage (transition de phase) d'un niveau d'organisation de l'information à un autre. L'actualisation caractérise alors les passages à des niveaux toujours plus néguentropiques (et stables), au sens de mettre toujours plus d'information en « musique » qui satisfasse à l'expression de la complétude de cet « Espace » ainsi qu'à la dynamique de son expression (complexité, richesse/diversité des situations ou dynamique des manifestations).

37 « *Selon cette théorie, le premier acte du Créateur ne fut pas de se révéler lui-même à quelque chose d'extérieur. Loin d'être un mouvement sur le dehors ou une sortie de son identité cachée, la première étape fut un repli, un retrait ; Dieu se retira "de lui-même en lui-même" et, par cet acte, abandonna au vide une place en son sein, créa un espace pour le monde à venir.*
En un certain point, au sein de la lumière de l'"in-fini" (en sof)*, l'essence divine, ou la "lumière", s'éclipsa ; un espace était laissé vide au milieu. Par rapport à l'infini, cet espace n'était pas plus qu'un point infinitésimal, mais par rapport à la création, c'était tout l'espace cosmique. Dieu ne put se manifester que parce qu'au préalable il s'était retiré.*
Cet espace vide laissé par Dieu est appelé hallal hapanouï.
Dans cet espace, de cet espace, Dieu infini avait disparu. En hébreu, le verbe "disparaître" est une racine qui se dit élèm. *Le lieu de la disparition se dit* olam. Olam, *c'est l'espace de l'absence et du retrait dans lequel toute la création va trouver place.* Olam *n'est pas le monde, mais la possibilité*[*] *même du monde, de tous les mondes. (Avec le temps, le mot* olam *est devenu le terme classique pour dire le "monde", mais il faut se rappeler que ce n'est qu'un sens second*

le phénomène par lequel l'Absolu procède à un « retrait » ou à une « rétraction » pour lui-même, le « vide » opéré participant alors à la naissance du tout autre que l'infini[38] pris dans son unité.

Plusieurs analogies doivent maintenant être avancées des éléments précédemment exposés, au travers d'une propriété commune que nous devons d'abord formuler.

L'« Espace » de l'Absolu, « Espace » de l'esprit (« Espace » informationnel néguentropique, mémoire, etc. pour ce que nous sommes capables d'en concevoir), serait désormais doué d'une faculté de « contraction »... Mais quoi de plus spécifique à l'« Espace » de l'esprit que la réflexion ?

Et déjà, à notre dimension, la réflexion n'est-elle pas une opération de « repli » de l'esprit ? Une opération à la fois de recherche, mais aussi et surtout de concentration de la volonté (rétroaction) qui focalise sur une chose à réaliser, à trouver ou à intégrer... On peut encore évoquer une « courbure » spécifique de cet « Espace » qui réalise, au sens de la réflexivité mathématique, une relation fermée. À notre niveau personnel d'expérience, de conscience, c'est une « courbure » extrême de la volonté (« repli », « boucle » de l'esprit) qui produit la solution recherchée ou qui confère, à qui la pratique, d'autres attributs de puissance suivant un objectif fixé, soit dans tous les cas une recherche des moyens de transformation ou de maîtrise de la « réalité », des événements, du cours des choses.

Suivant les éléments déjà exposés, nous comprenons que notre espace fini d'information (« le créé ») dérive de l'« Espace » d'information primordial par un phénomène discret de « replis »

---

car olam *n'est pas "le monde" proprement dit mais "l'espace" qui donne lieu au monde.)* », Marc-Alain OUAKNIN, *Mystères de la Kabbale*, Éd. Assouline, 2007, p. 211.

* Je souligne relativement à la notion de potentialité abordée précédemment et à sa définition (*supra* p. 18).

38 « *C'est en concevant le vide en soi pour accueillir l'altérité du monde, c'est en se retirant de lui-même en lui-même que Dieu créa le monde. De ce vide de Dieu, surgit le monde. La création de l'espace vide rend possible l'altérité à partir de la séparation.* », Marc-Alain OUAKNIN, *Concerto pour quatre consonnes sans voyelles*, Éd. Balland, 1991, p. 279.

(« courbures locales » détachées, refermées sur elles-mêmes) de cet « Espace » originel.

Pour revenir au cadre des éléments premiers recherchés concernant la naissance « physique » de l'Univers, la naissance de la « matière », la notion de courbure d'espace prend une importance particulière. La physique de la relativité générale introduit, sur le plan de notre espace cosmologique, la courbure de l'espace-temps, courbure qui manifeste notamment le trou noir, phénomène de « retrait », de distorsion de notre espace qui à l'extrême produit la singularité physique.

Suivant ce processus de « repli », « Espace » informationnel et espace cosmologique dans leur « déformation » sont, en fin de compte, deux prismes d'approche d'une même dynamique. En continuité de la similitude topologique qui se dégage de ce phénomène commun, la particule élémentaire (le phénomène particulaire élémentaire : la manifestation de la « particule » – notre réalité), d'une certaine façon, est à l' « Espace » d'information ce que le trou noir cosmologique est à notre dimension[39].

Selon toute vraisemblance, la naissance de l'Univers n'est pas le big bang annoncé, événement pour lequel les conditions aux limites qui résultent des modélisations de la transition de phase recherchée ne sont pas physiquement cohérentes[40]. La naissance de l'Univers n'est

---

39 C'est particulièrement le cas de l'électron qui s'apparente à un « micro trou noir » (ou « univers-trou* »), ayant son « Espace » propre, « fermé » sur lui-même (composé notamment de lumière : photon), et qui, de plus, semble éternel.

* Voir les travaux de Jean-Émile CHARON, *Théorie de la Relativité complexe*, Éd. Albin Michel, 1977 et *L'Esprit et la Relativité complexe*, Éd. Albin Michel, 1983, p. 132.

40 « *En général, le terme big bang est employé telle une métonymie de l'origine* [...] *selon les premières versions des modèles de big bang, si l'on regarde ce que fut l'univers dans un passé de plus en plus lointain, on observe que les galaxies se rapprochent les unes des autres, que la taille de l'univers ne cesse de diminuer et qu'on finit en effet par aboutir – sur le papier – à un univers ponctuel* [...] *si on déroule le temps à l'envers, du présent vers le passé, les équations font bel et bien surgir un instant critique, traditionnellement appelé "instant zéro"* [...] *cet instant se trouve directement associé à ce qui est communément appelé une "singularité initiale", sorte de situation théorique monstrueuse où certaines quantités, telles la température ou la densité, deviennent infinies.* [...] *L'univers n'a donc jamais été ponctuel (sa taille n'a jamais été nulle ni sa densité infinie), ce qui revient à dire que la singularité prétendument originelle dont on a pris l'habitude de parler n'a jamais eu lieu.* », Étienne KLEIN, *Discours sur l'origine de l'univers*, Éd. Flammarion, 2010, p. 43, 44, 75.

D'une façon plus générale, et indépendamment des nouvelles théories qui pourraient infléchir

plus unanimement considérée comme l'« explosion » d'une singularité consubstantielle d'un « instant zéro ».

À l'origine de notre niveau d'information, des phénomènes élémentaires qui constituent notre Univers, l'« Espace » originel (informationnel), dans un processus d'« introversion », se « divise », comme une « fractalisation » de cet « Espace » et se « courbe » (sur) lui-même à l'infini, en tous « points » de sa « division », dans des processus locaux semblables à celui qui produit la courbure de notre espace-temps (qui en dérive...).

La « division », le « repli » et la « contraction » des « parties divisées » jusqu'à la « singularité » laissent apparaître un « vide » qui permet justement à ces « parties », fruits du repliement sur lui-même de l'« Espace » qui les constitue, de se dégager[41] : *Tsimtsoum*... Se distinguent maintenant les singularités « physiques » élémentaires à la base de la « matière » (sans limiter ce phénomène aux seules singularités qui nous soient données de connaître), ainsi, pour la science, la « mousse quantique » de l'ère de Planck et, pour la pensée judéo-chrétienne, le *Tohu-va-bohu* de la Bible.

L'Absolu, l'Esprit donne à se voir dans une dynamique informationnelle qui produit l'information de l'événement élémentaire

---

cette approche, la communauté scientifique n'adhère plus absolument à la singularité initiale ni à ses conditions asymptotiques en un instant zéro. Cela sans que soit écartée la nécessité d'une origine :

« *De toute évidence, nous devons dire que l'univers a eu un début.* » Conclusion d'Alexander Vilenkin, le 8 janvier 2012, apportée lors du symposium du 70e anniversaire du Pr Stephen Hawking, en hommage à ses contributions à la physique fondamentale et à la cosmologie, et publiée par Lisa GROSSMAN dans l'article « *Why physicists can't avoid a creation event ?* » du *New Scientist Magazine*, n° 2847, du 11 janvier suivant, p. 6, 7.

« *On dit qu'un argument est ce qui convainc des hommes déraisonnables, et une preuve, ce qu'il faut pour convaincre même un homme raisonnable. Avec la preuve maintenant en place, les cosmologistes ne peuvent plus se cacher derrière la possibilité d'un univers éternel dans le passé. Il n'y a pas d'échappatoire, ils doivent faire face au problème d'un commencement cosmique.* », Alexander VILENKIN, *Many Worlds In One : The Search for Other Universes*, Ed. Hill and Wang, 2006, p. 176.

41 Pour la commodité de notre représentation (au sens de considérer un espace géométrique, physique), nous pourrions idéalement imaginer un volume liquide aux propriétés *particulières*, volume originellement continu, isotrope et homogène qui, se « rétractant » en une infinité de points, fait apparaître dans ses « contractions » (précipitations) les « gouttes » microscopiques de ce milieu, qui, se séparant, à la fin, créent deux espaces... : le vide inter-particulaire et une nouvelle vision (externe) de l'espace originel.

différencié (la particule élémentaire – notre réalité) doué des propriétés relationnelles permettant, par réorganisation, l'actualisation des systèmes informationnels plus complexes propres à notre niveau d'existence, et qui, ainsi, donne une extériorité à l'Unité depuis son sein[42]. La manifestation de la particule élémentaire (le phénomène informationnel) est à notre perception « matière », l'essence de son émergence est *Esprit*[43].

Information... Informer... « Acte de donner une forme à l'esprit[44] »...

La transition de phase de cet « Espace » qui crée notre environnement n'est autre, donc, qu'une « conjugaison » différente de cette information (une mise en relation – « *Au commencement est la relation...* ») qui, dans tous les cas, est par définition contenue à

42 C'est aussi, maintenant, le moment de préciser que c'est suivant l'approche informationnelle même des espaces ici spécifiés que devraient, tels qu'évoqués dans les textes religieux, se définir la Terre – *l'actualisé* – et le Ciel (les Cieux) – *lieu conceptuel de la Terre* – (donc en état de potentialité). Le ciel est bien, alors, l'espace où se définit toute la perfection qui se peut des choses en potentialité, où se définit le nouménal du phénoménal (excepté de considérer les étapes nécessaires à l'actualisation de cette perfection).

43 « *Les découvertes de la physique contemporaine ont pour implication – tacite mais inéluctable – que le mécanicisme n'est rien d'autre qu'une apparence* [...] *En théorie de la relativité, par exemple, ce qui fait figure d'assise ultime ce n'est pas la matière, les atomes, les particules, etc. C'est une structure mathématique* [...] *Or une structure mathématique, c'est quelque chose qui ne paraît pas être radicalement séparable de la notion de pensée* [...] *c'est un logos.* », Bernard d'ESPAGNAT, « Une réouverture des chemins du sens ? », *in* Jean STAUNE (dir.), *Science et quête de sens*, Éd. Presses de la Renaissance, 2005, p. 26-28.

« *Il* [Moïse] *lui dit : "Fais-moi de grâce voir ta gloire." Et il* [Yahvé] *dit : "Je ferai passer devant toi toute ma beauté et je prononcerai devant toi le nom de Yahvé. Je fais grâce à qui je fais grâce et j'ai pitié de qui j'ai pitié. Mais, dit-il, tu ne peux pas voir ma face, car l'homme ne peut me voir et vivre."* », Exode **33**, 18-20.

Au travers de l'ensemble des notions exprimées, le créé se dévoile comme l'expression d'une volonté en même temps qu'il en est constitutif et constitué, mais il faut encore comprendre que cette volonté ne peut se confondre avec cette manifestation et que nous devons résister à la réduction d'un panthéisme (*cf. supra*, l'immanence de l' « espace » informationnel infini et négentropique des potentialités, « incubateur » de l'étant : seule « représentation » qui permet d'appréhender l'absoluité du Divin).

44 *Cf.* note de bas de page n° 28 (dernier paragraphe), p. 23, sur l'étymologie du mot *information*.

l'origine dans cet « Espace », qui est l'essence même de cet « Espace » (situation qui a été désignée par *actualisation d'une potentialité*)[45].

Le caractère néguentropique de cet « Espace », sa complétude et son unité engagent la définition (immédiate) de toutes choses, événements et relations. Ici le principe de causalité « perd » sa

---

45 Au stade de cette réflexion, en précision des observations déjà avancées sur les limites du langage, deux remarques peuvent (doivent) être faites concernant le terme « *ex nihilo* » qui est inévitablement au cœur des interrogations sur ce qui est. Suivant ce qui a été exposé, ce terme doit logiquement être relativisé (le « rien » ne peut pas être et les choses tiennent leur filiation, se définissent et se constituent à partir d'un « Espace » immanent que l'on a qualifié d'informationnel). En résumé, tout juste peut-on par commodité utiliser le terme « *ex nihilo* » si le « rien » doit désigner ce qui s'oppose à notre perception « physique » de l'étant et se limiter à cela. À cet ajustement près, l'actualisation du monde à partir de l'infini informationnel peut alors effectivement être considérée comme une création « *ex nihilo* », qui, de surcroît, pourrait même s'opérer à quelque niveau que ce soit des phases potentielles que cet Absolu informationnel contient. Dernière situation, laquelle, si l'on n'y prend garde, pourrait, sans autre observation, conduire à considérer d'une façon qui ne peut pas être justifiée les formes les plus radicales du créationnisme, doctrine incompatible avec notre maturité de connaissance des processus d'évolution mis en œuvre à notre émergence. Si l'émersion « *ex nihilo* » d'une altérité à l'Absolu reste, quelle que soit sa complexité (ou ses propriétés), théoriquement possible dans le contexte informationnel ici exposé, le niveau de cette complexité qualifiée (ou son niveau de programmation – au sens informatique ou génétique du terme – pour considérer ce qui pourrait être au final intégré d'emblée – voir l'expression de l'inné dans l'environnement du « vivant ») conditionne le niveau et la qualité même de cette altérité, puis, par voie de conséquence, son degré de liberté. L'autonomie du « créé » se mesure à ces éléments et, par là, au lieu d'expression qui caractérise notre Humanité, le degré de notre intégrité, l'authenticité et la véracité de notre rapport à l'Absolu. Ce sont là les conditions nécessaires pour rejoindre en vérité cet Absolu, et pour que cet Absolu se donne en vérité. Cela, bien sûr, au prix de notre maturité – sous condition de liberté – qui ne s'acquiert que par voie d'expérience, et donc de choix, ne fût-ce qu'en réclamant l'expérience de l'Autre pour la soumettre à notre jugement. La richesse de cette expérience nécessaire ne peut trouver sa complétude que dans l'expérience renouvelée et inventée des processus de l'évolution qui garantissent notre identité, car, *a contrario*, l'émergence conditionnée de cette humanité, son caractère alors arbitraire et relatif sur l'échelle infinie de la perfection de l'Absolu, relativise cette expérience jusqu'à décrédibiliser la pertinence des fins appelées. Les conditions ontologiques de ce rapport à l'Absolu se surajoutent aux conditions naturelles et physiques pour justifier l'évolution. Le créationnisme est inconciliable avec l'approche de l'Absolu qui se dévoile lentement ici. Il faut encore préciser que reconnaître le bien-fondé des processus de l'évolution ne disqualifie en rien la considération de facteurs qui la motivent et qui l'orientent (*versus* « hasard et nécessité* ») dans une démarche cohérente à la dynamique néguentropique qui fonde à la fin – ou au passage ? – notre altérité. Les processus de l'évolution témoignent de cette permanente dynamique qui anime l'Absolu. La Création ne se limite pas au phénomène singulier de l'« instant zéro », mais elle est d'abord de tous les instants pour maintenir l'« édifice », et ne cesse ensuite de se prolonger pour le faire évoluer de plus en plus consciemment jusqu'à l'autonomie : « *Car il n'en est pas de l'univers comme d'un édifice, qui subsiste après que l'architecte l'a abandonné : il ne durerait pas un clin d'œil, si Dieu cessait de le gouverner.* », AUGUSTIN, *De la Genèse au sens littéral*, livre IV – les jours de la création – chap. XII, § 22, *in* Jean-Baptiste RAULX (dir.), *Œuvres complètes de Saint Augustin*, tome IV, Éd. Louis Guérin & Cie, 1864, p. 187.

* Jacques MONOD, *Le Hasard et la Nécessité*, Éd. Seuil, 1970.

dynamique, et, de fait, le temps n'existe pas. La complétude implique l'atemporalité de toute chose, car il ne peut y avoir d'état intermédiaire, d'évolution la concernant. La complétude est « de tous les instants », de toute éternité. Dans l'Absolu, il n'y a pas de temps[46].

Le temps naît de l'actualisation des « choses », reste propre aux « choses » et diffère en fonction des « choses ». Le temps n'est qu'une dimension d'ajustement obligée entre l'« Espace » informationnel fini (qui constitue le créé, notre finitude) et cet Absolu informationnel infini[47]. Si les schémas causals ont un développement qui fait sens du

---

46 Sur le plan religieux, pourrait-on concevoir que le temps s'impose à l'Absolu, au sens où la connaissance finale de la conséquence d'un événement, d'un acte, réclamerait qu'il faille chronologiquement considérer tous les scénarios de la chaîne causale pour en intégrer la résolution ? À l'infini cette connaissance serait impossible, ce qui serait contradictoire à l'omniscience de l'Absolu.

Sur le plan scientifique, la tentative pour modéliser en une seule théorie l'ensemble des phénomènes physiques des particules élémentaires jusqu'aux phénomènes macroscopiques de l'Univers, comme l'équation de Wheeler-DeWitt, dite *fonction d'onde de l'Univers* (tentative de rassembler et les lois de la mécanique quantique et les lois de la relativité générale, soit de pouvoir intégrer globalement et de façon continue l'existence de l'Univers de sa naissance à nos jours), aboutit à une représentation où la dimension temps disparaît…

47 « […] le temps est un effet de notre ignorance *des détails du monde* [*]. *Si nous connaissions parfaitement tous les détails du monde* […] *nous n'aurions pas la sensation de l'écoulement du temps* […] *J'ai beaucoup travaillé sur cette idée* […] *et sur l'idée mathématique qui la soutient ; celle-ci doit montrer comment des phénomènes typiques liés au passage du temps peuvent émerger d'un monde atemporel, lorsque nous en avons une connaissance limitée.* », Carlo ROVELLI, *Et si le temps n'existait pas ?*, Éd. Dunod, 2014, p. 115, 116.

* Si le détail est ce qui précise le tout – *je souligne*.

« *À quoi sert le temps ?* […] *le temps est ce qui empêche que tout soit donné d'un seul coup. Il retarde, ou plutôt il est retardement. Il doit donc être élaboration. Ne serait-il pas alors véhicule de création et de choix ?* », Henri BERGSON, *Le Possible et le Réel*, Éd. Presses universitaires de France, 2015 (2e édition), p. 3, 4.

« *Le temps est la manière pour la nature d'éviter que toutes choses se passent en même temps.* », formule citée par John Archibald WHEELER « *Information, Physics, Quantum: The Search for Links* », *in* Wojciech Hubert ZUREK (dir.), *Complexity, Entropy and The Physics of Information*, Ed. Westview Press, 1990, p. 10.

D'une façon plus générale, le temps naît de la relation du spécifique et du tout (phénomène émergent). Nous savons qu'il est étroitement lié à la vitesse, par-delà l'accélération, et donc la gravité (théorie de la relativité générale), mais il pourrait suivre une loi de proportionnalité, de manière inversement proportionnelle, relativement à la quantité d'information qui caractérise le spécifique, intrinsèquement (toute l'information qui règle la manifestation du phénomène : relationnelle et définitionnelle), mais aussi par capture d'information, dans notre cas la capacité de mémorisation et de connaissance de nos facultés humaines (*cf.* la remarque précédente de Carlo Rovelli).

Il (nous) faut forcément du temps pour appréhender ce qui (nous) est différent, pour intégrer l'information qui n'est pas nôtre. Et il n'en faut pas pour Qui est l'essence de tous les phénomènes…

point de vue de la finitude, ce développement se « dissout » du point de vue de l'Absolu.

Au terme de cette approche se découvrent certaines propriétés de l'essence informationnelle de la Déité : sa complétude, sa néguentropie, son atemporalité. Mais c'est jusqu'à présent une voie plutôt théorique, en pure « connaissance » des phénomènes, pour appréhender cet « Espace » informationnel indicible, pour appréhender l'Absolu, pour appréhender l'Esprit. Cette approche « physique » du Divin est évidemment insuffisante, tant les propriétés qui lui sont les plus remarquables sont naturellement d'une tout autre dimension. Ce premier cheminement nous ouvre néanmoins les portes de déductions logiques à propos de cette autre nature du Divin, pour confirmer au passage des propriétés signifiées depuis toujours par l'enseignement religieux.

Dans cette nouvelle approche de l'Absolu, sans s'épargner d'appréhender ce qui s'y oppose, pourrions-nous comprendre ce qui nous aliène de notre soif de vivre en tout équilibre, ce qui nous aliène de notre rapport en vérité avec le monde, avec l'Absolu lui-même ? Et... tenter d'inverser l'étrange cours des choses, dans ce moment de notre histoire qui semble si décisif au vu des tensions multiples que vit notre Terre, sur le plan tant culturel que naturel.

Quels enseignements se déduisent des propositions jusque-là énoncées ?

Revenons sur la caractéristique la plus « commune » de l'essence informationnelle néguentropique et atemporelle de l'Absolu : sa complétude. Soit, en d'autres termes :

– sa disposition, comme déjà avancé, à porter la potentialité de toutes choses ainsi que les règles définitionnelles (concepts) et relationnelles qui gouvernent l'expression de leur émanation (interférence, stabilité, organisation, croissance, etc.) dans un cadre forcément de dépendance directe avec l'Absolu (cas de la Cosmogénèse – phénomène du *Tsimtsoum*) ;

– mais aussi, dans le cadre de l'émanation de la vie, des organisations supérieures douées de conscience (cas de l'anthropogénèse), sa disposition à intégrer la connaissance de la chaîne causale de tout événement induit par la finitude faisant l'expérience de la liberté : ici, la connaissance, de toute éternité, de tous les scénarios et de toutes les situations possibles que cette finitude, dans son développement obligé (hominisation)[48], a le choix d'expérimenter[49], que ceux-là soient bons ou mauvais.

L'Absolu intègre nécessairement toute notion, selon notre entendement, toute notion positive (le bien) comme négative (le mal), soit toutes choses positives (bonnes) comme négatives (mauvaises) en l'état de potentialités[50]. Les aspects négatifs ne s'actualisent justement que dans cette liberté sans connaître de notre condition (et où la notion de choix s'exerce *a priori*, forcément sans la connaissance des conséquences liées à la dynamique de cette situation[51]). Au niveau de l'Absolu, sa complétude et son essence néguentropique lui confèrent naturellement la dynamique qui « bâillonne » le mal (qui reste en l'état de potentialité conditionnée, confinée par organisation « maximale » obligée – cela sera reprécisé). Si, suivant cette dynamique, il n'y a pas

---

48 *Cf.* note de bas de page n° 45, p. 32.

49 Au niveau de notre humanité, quand bien même nous pouvons invoquer justement la notion de liberté, *nous ne sommes libres* que de choisir parmi une infinité de situations déjà naturellement qualifiées au niveau de la Déité. Pour chaque situation donnée, il y a une infinité de scénarios qui nous amènent à une infinité de résultats (un peu comme une partie d'échecs). Cette infinité de transitions est de toute façon réglée par une infinité de chaînes causales qui définissent justement ces scénarios. Cette multitude de situations est laissée à notre jugement, mais il est des scénarios engageants... (voir notamment le récit de la *Chute* dans la Bible – Genèse **3**, 1-24 – et ce que nous en dirons, à l'issue de cette réflexion).

Il n'y a donc pas de paradoxe entre notre espace d'expression entièrement qualifié et notre liberté. Cette situation ne peut remettre en cause le déterminisme (au sens de la *prédictibilité*) qui n'existe que dans l'Absolu. C'est certainement ici que l'on peut comprendre que notre appréhension au plus juste de cet « Espace » ne puisse se faire qu'avec des outils (mathématiques) qui introduisent probabilité et incertitude (mécanique quantique) :

« *Je propose que cette impossibilité de décrire le processus individuel aléatoire au sein de la mécanique quantique d'une manière complète soit une limitation fondamentale du programme de la science moderne pour arriver à une description du monde dans les moindres détails. En d'autres termes, je propose que cela soit la preuve d'un élément dans la description de la nature qui échappe à la dissection rationnelle en détail dans les parties constituantes.* », Anton Zeilinger, « *On the Interpretation and Philosophical Foundation of Quantum Mechanics* », *in* Urho Ketvel (*et al.*), *Vastakohtien todellisuus*, Ed. Helsinki University Press, 1996, p. 172.

50 En considérant d'une façon très générale que la notion de « négatif » rassemble tout ce qui participe à l'entropie (dégradation, désorganisation), et que la notion de « positif » rassemble tout ce qui s'y oppose (organisation).

51 « [...] *Il est fatal, certes, qu'il arrive des scandales* [...] », Matthieu **18**, 7.

au sein de la Déité de dualité exprimable, il n'en reste pas moins que le mal dans sa définition intégrale est connu[52].

Il y a de nombreuses conséquences remarquables au crédit des éléments jusqu'ici avancés, qu'il est nécessaire de développer.

Pour être plus précis, la complétude de l'essence informationnelle divine ne saurait se « limiter » uniquement à la définition des choses et des notions, à la connaissance des événements et des relations. Pour que cette connaissance soit « aboutie », il faut encore qu'elle s'inscrive dans une dynamique organisationnelle, une dynamique qui s'exprime plus comme un « principe » (expression d'une « méta-règle » – information toujours…). Ce « principe » vient parfaire toutes les propriétés que l'on ne saurait jamais imaginer de l'Absolu. Ce principe est à la fois englobant (principe actif), quelque part déjà englobé (forcément défini), intriqué avec l'expression des potentialités. Toutefois, aucune émanation (actualisation ou expression d'une potentialité) ne saurait jamais être plus grande que sa source, et pourtant il est une qualité qui, dans l'ordre d'une entropie négative, dans ce qu'elle conditionne, est plus grande que sa potentialité : il y a plus grand que la potentialité du bien, il y a le Bien. Dans ses principes, le Bien est associatif, cumulatif, « objective » l'équilibre des organisations et oriente la relation pour une harmonie toujours maximale, ce qui est une victoire sur l'entropie (une victoire sur toute désorganisation, au final sur toute notion négative – lapalissade…). Ici, justement, se caractérise ce que nous avons nommé la *dynamique néguentropique* de l'essence divine, son hypostase, cette propriété ultime et inéluctable qui s'inscrit (paradoxalement) en amont de la potentialité, qui transcende même la notion de potentialité. N'est-ce

---

52 Forme de la théodicée qu'en a donnée Louis Dumont : « […] *le bien doit contenir le mal tout en étant son contraire. En d'autres termes, la vraie perfection n'est pas l'absence de mal, mais sa parfaite subordination.* », *Essais sur l'individualisme : une perspective anthropologique sur l'idéologie moderne*, Éd. Seuil, 1983, p. 243. Le verbe *contenir* s'exprimant dans son double sens d'« englober » et de « mettre en échec ».

Cette forme de théodicée s'esquisse déjà dans le drame de l'histoire surprenante de Job (*cf.* la Bible, Job).

pas là comme une volonté sans « support[53] » ? Un *Logos* ? Pouvons-nous avoir l'audace d'appeler *Amour* cette dynamique (principe, donc information qui contrôle la relation, ou méta-relation)[54] ?

À la question de notre existence, il faut répondre que l'« extraversion[55] » de l'Absolu fait nécessairement partie de sa complétude et passe obligatoirement par le phénomène d'un Être doué de l'esprit, d'un Être faisant l'expérience de sa propre conscience (je sais que je sais) et, par voie nécessaire d'intégrité, faisant l'expérience de la liberté. L'émanation de l'étant et de l'Être, qui caractérise le monde et qui nous caractérise, fait inévitablement partie de la complétude de l'Absolu, nous ne pouvions pas ne pas être[56], même s'il pourrait être

---

53 Une information relationnelle qui « dicte »... Soit, une loi..., une « structure mathématique » (*cf.* note de bas de page n° 43, p. 31).

54 À notre niveau d'expérience, bien avant d'exprimer ce sentiment d'allégresse, de ravissement qui peut animer notre être, ce sentiment ne se fonde-t-il pas sur l'équilibre et sur la communion dans notre relation à l'Autre, dans cette reconnaissance, dans notre existence au travers de l'Autre ? C'est à l'origine un code relationnel... Il faut ici désamorcer une objection qui prétexterait toute démystification du sentiment déplacée, car, ce qui est important à la fin, ce n'est pas ce qui sous-tend le résultat, mais le résultat. Il en va d'ailleurs de même pour d'autres dispositions de notre nature dans ce que produisent nos sens du goût, de l'odorat pour ne citer que ceux-là.

55 Relation aussi désignée jusqu'ici par *transition de phase*, ou *actualisation d'une potentialité*.

56 Et plus encore... Si l'extraversion de l'Absolu fait partie de sa complétude, son actualisation (au sens de son expression en notre devenir) est une fin en soi, soit l'expression des processus des transitions de phase qui nous ont donné naissance et qui pourraient encore subvenir pour d'autres transformations (d'abord une cosmogénèse, ensuite l'anthropogénèse, puis... ?) – ainsi s'exprime notre accomplissement dans l'Absolu. C'est, pour nous, une situation potentiellement en devenir, mais qui est définie « de toute éternité »... une situation intrinsèque à l'Esprit, à sa complétude et à sa dynamique néguentropique. Pour la Chrétienté, c'est en cela que l'écriture paulinienne atteste que le Christ (Dieu révélé) est l'« image » de notre fin appelée avant même notre création : « *En Lui Dieu nous a élus avant la fondation du monde* [...] », Éphésiens **1**, 4 (trad. Louis SEGOND, 1910) et que cette « image » est de toujours :

> « *Il est l'image du Dieu invisible, le premier-né de toute la création – Car en lui ont été créées toutes les choses qui sont dans les cieux et sur la terre, les visibles et les invisibles, trônes, dignités, dominations, autorités. Tout a été créé par lui et pour lui.* », Colossiens **1**, 15–16 (trad. Louis SEGOND, 1910).

La dynamique de cette extraversion est traduite par Pierre Teilhard de Chardin dans la Noosphère (Christosphère), notamment dans *Le Cœur de la matière*, 1976*. Pour une vision condensée de ce texte, voir « Une nouvelle Face de Dieu », *in* Gustave MARTELET, *Teilhard de Chardin, prophète d'un Christ toujours plus grand*, Éd. Lessius, 2005.

* Publication posthume.

Plus récemment, toujours au sujet de cet objectif Divin dans la Chrétienté, *voir également en annexe* Gustave MARTELET, *Libre réponse à un scandale – la faute originelle, la souffrance et la mort*, Éd. Cerf, 1986.

objecté que cet acte de création n'a pas produit, selon notre entendement, tout le « bien » escompté[57] – ici le scandale de toujours qui obscurcit notre filiation.

Il faut sortir de cette contradiction et affronter la problématique du mal[58] et son scandale, le mal dans ce qu'il a de personnel et de culturel jusqu'au point culminant de notre révolte devant la mort, jusque dans l'aliénation de l'Esprit (ces notions seront reprécisées).

---

57 « *Pourquoi, comment, demande-t-on alors, Dieu peut-il créer ce qui va engendrer le mal ou en porter la marque ? Pourquoi, comment peut-il créer un être libre qu'il prévoit peccable et donc aussi pécheur ?* [...] *Il faut d'abord dire avec saint Jean Damascène (†754) que si Dieu prévoyant l'existence du mal s'était abstenu de créer, il eût reconnu que le mal était plus fort que lui, puisque ce mal aurait inhibé en Dieu même le désir de créer.* », Gustave MARTELET, *ibid.*, p. 75, 76.

58 Étant considéré que cette notion doit toujours être contextuellement précisée relativement à notre entendement. Au cœur de ce que nous avons désigné par « Espace » informationnel, au cœur des potentialités, la notion de mal recouvre d'une façon générale tout ce qui participe à l'entropie (*cf.* note de bas de page n° 50, p. 36). La problématique du mal est ainsi multiple et nous affecte suivant des degrés d'urgence que nous devons distinguer. L'enjeu est ici de comprendre ce qui nous aliène au plus haut point, sous peine sinon d'une situation qui pourrait être fatale.

Quelle culture pourrait nous guider sur le chemin de cette connaissance ? Quelle culture peut avoir exprimé, durant son émergence, peut-être plus que d'autres, le scandale du mal qui nous affecte dans la Création, et nous interpeller sur cette étrange situation ? Il faut certainement d'abord regarder, dans la Bible, en Genèse **3** pour prendre lecture du récit de la « Chute[59] », et, auparavant, de ce qui l'introduit en Genèse **2** :

> « *Yahvé Dieu fit pousser du sol toute espèce d'arbres séduisants à voir et bons à manger, et l'arbre de vie au milieu du jardin, et l'arbre de la connaissance du bien et du mal* [...] *Et Yahvé Dieu fit à l'homme ce commandement : "Tu peux* [dois] *manger de tous les arbres du jardin. Mais de l'arbre de la connaissance du bien et du mal tu ne mangeras pas, car, le jour où tu en mangeras, tu deviendras passible de mort." Yahvé Dieu dit : "Il n'est pas bon que l'homme soit seul. Il faut que je lui fasse une aide qui lui soit assortie."*[60] »

---

[59] Ici encore, les guillemets relativisent l'emploi du mot pour prendre en compte une situation qui doit être différente de ce qu'enseigne traditionnellement l'exégèse et qui, pour finir, est impropre à la conclusion recherchée dans cette réflexion. Aussi le mot « chute » sera ainsi désormais volontairement encadré pour seulement maintenir la référence au phénomène auquel il fait écho.

[60] Genèse **2**, 9-18.

« Le serpent était le plus rusé de tous les animaux des champs que Yahvé Dieu avait faits. Il dit à la femme : "Alors, Dieu a dit : Vous ne mangerez pas de tous les arbres du jardin ?" La femme répondit au serpent : "Nous pouvons manger du fruit des arbres du jardin. Mais du fruit de l'arbre qui est au milieu du jardin, Dieu a dit : Vous n'en mangerez pas, vous n'y toucherez pas, sous peine de mort." Le serpent répliqua à la femme : "Pas du tout ! Vous ne mourrez pas ! Mais Dieu sait que, le jour où vous en mangerez, vos yeux s'ouvriront et vous serez comme des dieux, qui connaissent le bien et le mal." La femme vit que l'arbre était bon à manger et séduisant à voir, et qu'il était, cet arbre, désirable pour acquérir le discernement. Elle prit de son fruit et mangea. Elle en donna aussi à son mari, qui était avec elle, et il mangea. Alors leurs yeux à tous deux s'ouvrirent et ils connurent qu'ils étaient nus ; ils cousirent des feuilles de figuier et se firent des pagnes. Ils entendirent le pas de Yahvé Dieu qui se promenait dans le jardin à la brise du jour, et l'homme et sa femme se cachèrent devant Yahvé Dieu parmi les arbres du jardin. Yahvé Dieu appela l'homme : "Où es-tu ?" dit-il. "J'ai entendu ton pas dans le jardin, répondit l'homme ; j'ai eu peur parce que je suis nu et je me suis caché." Il reprit : "Et qui t'a appris que tu étais nu ? Tu as donc mangé de l'arbre dont je t'avais défendu de manger !" L'homme répondit : "C'est la femme que tu as mise auprès de moi qui m'a donné de l'arbre, et j'ai mangé !". Yahvé Dieu dit à la femme : "Qu'as-tu fait là ?" Et la femme répondit : "C'est le serpent qui m'a séduite, et j'ai mangé". Alors Yahvé Dieu dit au serpent : "Parce que tu as fait cela, maudit sois-tu entre tous les bestiaux et toutes les bêtes sauvages. Tu marcheras sur ton ventre et tu mangeras de la terre tous les jours de ta vie. Je mettrai une hostilité entre toi et la femme, entre ton lignage et le sien. Il t'écrasera la tête et tu l'atteindras au talon". À la femme, il dit : "Je multiplierai les peines de tes grossesses, dans la peine tu enfanteras des fils. Ta convoitise te poussera vers ton mari et lui dominera sur toi". À l'homme, il dit : "Parce que tu as écouté la voix de ta femme et que tu as mangé de l'arbre dont je t'avais interdit de manger,

maudit soit le sol à cause de toi ! À force de peines tu en tireras subsistance tous les jours de ta vie. Il produira pour toi épines et chardons et tu mangeras l'herbe des champs. À la sueur de ton visage tu mangeras ton pain, jusqu'à ce que tu retournes au sol, puisque tu en fus tiré. Car tu es glaise et tu retourneras à la glaise". L'homme appela sa femme "Ève", parce qu'elle fut la mère de tous les vivants. Yahvé Dieu fit à l'homme et à sa femme des tuniques de peau et les en vêtit. Puis Yahvé Dieu dit : "Voilà que l'homme est devenu comme l'un de nous, pour connaître le bien et le mal ! Qu'il n'étende pas maintenant la main, ne cueille aussi de l'arbre de vie, n'en mange et ne vive pour toujours !" Et Yahvé Dieu le renvoya du jardin d'Éden pour cultiver le sol d'où il avait été tiré. Il bannit l'homme et il posta devant le jardin d'Éden les chérubins et la flamme du glaive fulgurant pour garder le chemin de l'arbre de vie.[61] »

Les textes de Genèse **2** et de Genèse **3** nous informent que la transgression de l'ordre divin de ne pas consommer l'arbre de la connaissance du bien et du mal ainsi que cette consommation propre de l'arbre sont un mal qui conduit l'homme à la peine et à la mort.

Avant toute interprétation, il est nécessaire de déplacer l'analyse de ces récits, et aussi tout ce qui peut être dit sur l'origine du mal qui occupe nos cultures, dans le contexte de ce que nous savons de notre émergence (hominisation), de cette conscience alors en devenir nécessairement finie (finie, au sens de notre limite par nature de ne pouvoir notamment intégrer les chaînes causales de manière absolue), mais malgré tout libre (au sens premier où elle n'est régulée par aucun facteur instinctif, inné – donc programmé –, comme l'est le monde animal), et donc faillible (au sens d'éprouver des comportements ou bien dangereux ou bien qui s'opposent à l'éthique), et, finalement perfectible.

---

[61] Genèse **3**, 1-24.

Suivant cette priorité, certains aspects essentiels encadrent la réflexion, qui doivent être, sinon présentés, du moins encore précisés :

– la Genèse est un récit symbolique et parabolique ;

– l'homme se révèle, scientifiquement établi, dans un lent et long processus d'évolution, et la mort biologique est un fait de nature partagé par tout le vivant, y compris par l'homme, qui ne saurait dépendre d'un événement singulier, quel qu'il fût dans le « passé », quoi que puissent encore prétendre une exégèse dépassée ou certains mouvements ou doctrines ;

– il ne peut en aucun cas y avoir une actualisation/expression du mal de la part de l'Absolu, ni châtiment ou acte de « redressement » qui imposerait délibérément une souffrance à l'homme (de cette souffrance qui en dernier lieu ne serait pas aussi une souffrance pour Dieu) ;

– la nature humaine se distingue singulièrement de tous les autres êtres vivants dans ses comportements, qui ne procèdent pas uniquement de son patrimoine génétique (donc programmés), mais qui sont particulièrement dictés par l'imitation et la suggestion. Comportements qui s'inscrivent alors culturellement et temporellement par le langage, l'écriture et les rites[62] ;

– l'homme, dans sa condition de finitude, même ouverte à l'évolution, dans sa faculté, pourtant, d'intégrer sans cesse davantage la complexité du monde et de se connaître, ne parvient, pour ce qui est de ce savoir et de son niveau de conscience, qu'à gérer une complexité toujours inférieure à celle des processus qui l'engendrent.

---

62 Voir l'approche girardienne* des récits mythiques des cultures de la planète et toute la réflexion qu'a ensuite engendrée cette approche.

* René GIRARD, *La Violence et le Sacré*, Éd. Grasset, 1972 et *Des choses cachées depuis la fondation du monde*, Éd. Grasset, 1978. Pour le récit de la Genèse elle-même (chapitre **3**) : Jean-Michel OUGHOURLIAN, *Un mime nommé désir*, Éd. Grasset, 1982 et *Genèse du désir*, Éd. Carnets Nord, 2007.

Qu'apporte chacun de ces points en détail ?

La Genèse est un récit symbolique et parabolique.

Nul besoin d'insister sur ce point. L'Église catholique a reconnu, lors du concile œcuménique de Vatican II, en octobre 1962, le poids du contexte culturel dans lequel ce texte avait été écrit, en privilégiant les objectifs du message plutôt que sa transcription littérale : le monde ne s'est pas fait en six jours. Le texte est d'ailleurs dépourvu de toute donnée scientifique qualitative. Ce prisme ne doit toutefois pas supprimer complètement le caractère historique de ce qu'il nous invite à comprendre. Genèse **2** et Genèse **3** placent un message qui concerne nos origines, même s'il doit se décliner dans le temps jusqu'à notre présent. Adam est ainsi la figure de notre plus lointain ancêtre, mais aussi l'homme de toujours.

> *L'homme se révèle, scientifiquement établi, dans un lent et long processus d'évolution, et la mort biologique est un fait de nature partagé par tout le vivant, y compris par l'homme, qui ne saurait dépendre d'un événement singulier, quel qu'il fût dans le « passé », quoi que puissent encore prétendre une exégèse dépassée ou certains mouvements ou doctrines.*

L'exégèse chrétienne a admis tardivement cette évidence[63]. La mort annoncée dans la « Chute » (Genèse **3**, 3) n'est pas la mort biologique individuelle d'Adam, lequel, génériquement et symboliquement, annoncerait la mort biologique de chacun. D'ailleurs, le récit fait nettement cette distinction dans un « *puisque* » (Genèse **3**, 17) qui resitue la cause de la fin physique de l'être au plan naturel de son origine : « *À la sueur de ton visage tu mangeras ton pain, jusqu'à ce que tu retournes au sol,* puisque *tu en fus tiré. Car tu es glaise et tu retourneras à la glaise.* »

---

[63] Gustave MARTELET, *op. cit.*, p. 33.

Si l'exégèse chrétienne voit désormais, dans cette mort annoncée, la mort spirituelle[64] (en veillant à bien discerner, au lieu du texte, la

---

64 Cette mort appelle des précisions, elle ne peut s'entendre évidement que pour qui place dans l'Absolu son schéma d'être, aussi n'est-ce pas la mort de la spiritualité dans le quotidien de l'homme, mais plutôt « l'effondrement » (non pas la fin) de l'essence qui transcende chaque être en liaison directe avec l'Absolu, ce qu'on peut encore appeler l'Âme. Qu'est-ce que la mort de l'Âme ? La Bible en parle comme de la seconde mort :

« *Mais les lâches, les renégats, les dépravés, les assassins, les impurs, les sorciers, les idolâtres, bref, tous les hommes de mensonge, leur lot se trouve dans l'étang brûlant de feu et de soufre : c'est la seconde mort.* », Apocalypse **21**, 8.

« *Heureux et saint celui qui participe à la première résurrection ! La seconde mort n'a pas pouvoir sur eux* [...] », Apocalypse **20**, 6.

Pour entrevoir ce qu'est la mort de l'Âme, nous devons développer une information déjà promise au début de cette réflexion (*cf.* note de bas de page n° 6, p. 11), mais, avant de développer la dynamique de cette situation, suivant les propriétés déjà abordées de la Déité, nous pouvons décrire de façon objective comment se définit ce niveau de l'être par rapport à l'Absolu. Au-delà des apparences (du phénoménal), en deçà de l'actualisé, il y a dans l'Être un seuil, une constante informationnelle qui constitue l'essence irréductible de son individualité, de son intégrité et qui s'inscrit de toute éternité aux potentialités du créé. Ce niveau constitue l'« ADN » de l'esprit qui nous anime, l'Âme qui nous définit.

En troisième partie de cette réflexion, la logique de la complétude informationnelle de l'Esprit nous a permis d'écarter toute activité négative dans l'Absolu (*supra* p. 36, 37). Dans son essence et ses propriétés, nous avons conclu qu'il ne pouvait y avoir en son sein aucune expression du mal, aucune violence et, par voie de conséquence, aucun jugement de sa part – c'est dire que le pardon est total. Cette situation pourrait apparaître comme un scandale, du moins un paradoxe pour qui se trouve justement être victime directement ou indirectement (avec un pardon difficile à accorder compte tenu de la souffrance ou du préjudice subi). Mais dire qu'il n'y a pas de jugement dans l'Absolu, ce n'est pas dire qu'une certaine forme de justice ne puisse être, une situation qui engage chacun dans un cheminement, ou qui invite à la compassion, à l'empathie, à découvrir l'Autre, ou à se découvrir soi-même en toute vérité. De quelle nature est donc cette justice, quels sont les « processus » qui sous-tendent son expression ?

Comme déjà évoqué, si l'être transcende l'étant, dans la transition de phase qui nous réintroduit aux potentialités (notre mort physique), notre essence individuelle « rejoint » l'essence de l'Absolu. Dans cette communion « informationnelle » qui s'instaure, en un éclair s'établit la connaissance de toute chose – et, par voie de conséquence, la portée réelle des actes commis. C'est alors l'âme même invitée à la communion qui se juge, et il n'y a pas de plus grand juge pour soi que soi-même* (*voir la fin de cette note*). Si la Grâce et le Pardon sont donnés d'avance, l'âme peut se retrancher dans les remords, ou pis, dans la rancœur d'une vie non souhaitée sous le joug d'une finitude peccable, se refuser à la relation, voire être dans l'impossibilité de toute relation. La culpabilité renferme alors l'âme, qui s'effondre sur elle-même, confrontée au néant pour un temps qui ne dépend que d'elle, mais qui peut être infini... On retrouve là l'enfer de l'iconographie religieuse et, dans une « moindre » mesure, si la situation peut être temporaire, le purgatoire. En enfer comme au purgatoire, l'âme est seule, angoisse, souffre et brûle comme le froid peut brûler... Ici aucun jugement, aucune expiation de l'Absolu, bien au contraire – juste la vérité et la lumière sur toute chose, produisant indirectement par différence cet auto-jugement qui aliène potentiellement l'âme de son propre fait : « [...] *La mesure dont vous vous servez pour les autres servira de mesure aussi pour vous* », Luc **6**, 38 (trad. AELF). C'est toujours dans ce qui occasionne cet écart, dans ce qui conditionne l'isolement que s'instaure l'enfer. Si la situation précédente peut être constitutive de cette souffrance, la révélation, dans sa dynamique même, peut être un scandale, dernier lieu d'une souffrance singulière qui « fissure » l'image de la Transcendance, qu'on croyait alors pouvoir connaître, et qui crée cette distance meurtrière. Non que cette dynamique engage à remettre en question la Transcendance elle-même, mais la révélation, suivant la découverte même de

cause de cette fin), il faut encore préciser les modalités de cette situation, qui appellent à comprendre d'autres urgences au temps

---

cet écart, engendre notre incompréhension (notre reproche ?) dans le constat que la naissance justement de cet écart ait été laissée au possible de notre condition – oubliant par cette souffrance de considérer que notre lieu physique de finitude nécessaire ne peut recevoir définitivement cette Transcendance (ce scandale sera repris et précisé à la note de bas de page n° 66, p. 49) ; « *Élôï, Élôï, lama sabachthaneï ?* » crie le Christ sur la croix : « *Mon Dieu, mon Dieu, pourquoi m'as-tu abandonné ?* », Marc **15**, 34, Psaumes **22**, 2. Dans cette parole désespérée s'entend aussi ce différend qui conduit potentiellement l'âme à son propre isolement. C'est déjà dans ce moment que s'amorce cette descente aux enfers dont parle l'Écriture, 1re Pierre **3**, 19, 1re Pierre **4**, 6, Apocalypse **1**, 18, et, ensuite, le *Credo*. Il faut en outre comprendre que ce que l'on appelle la résurrection de l'être commence d'abord dans ce « combat », cette victoire sur l'aliénation de l'esprit. Celle du Christ est unique et exemplaire, car il n'a pas lui-même, dans sa condition d'homme et sa souffrance, échappé à ce scandale, échappé à ce vertige du doute, à ce vertige de suffisance. Sa réactualisation « physique », au sens de la « réalité » du monde désormais comprise, est alors d'abord la preuve de cette réussite, avant et plus que, par anticipation des fins dernières, une conséquence ou sa finalité objectivée. La communion définitive n'est pas nécessairement à ce prix, et les saints l'attestent, mais il fallait témoigner de ce dépassement possible pour tous. C'est dans cette épreuve ultime révélée qu'il invite l'âme de chacun à dire un « oui » inconditionnel. Comment pourrait-il en être autrement dans le mystère de la communion appelée ?

La mort de l'âme n'est pas son extinction, car elle est immortelle par nature, mais son exil dans la souffrance – ce que précédemment dans cette note nous avons appelé son « effondrement » (À propos de l'exil de l'âme, il faut lire le très beau texte de Jean-Luc Marion, paru dans la revue *Communio*, « Le mal en personne », sur l'exercice du mal et sa logique suicidaire, et, surtout, sur la manière dont l'âme s'aliène dans une négation de la relation – *voir annexe*).

Enfin concernant la communion de l'âme et son propre jugement, il faut lire particulièrement Gustave Martelet :

> « *Confrontés avec ce que nous fûmes, à la lumière de ce qui est vraiment, voyant ce que nous sommes en fonction de ce que nous aurions dû être, incapables au surplus de rien faire désormais qui puisse réellement nous changer, puisque notre rapport historique à ce monde est, d'ores et déjà, révolu, il nous reste à défaut d'un impossible "agir", le pouvoir de "pâtir". Nous entrons donc dans une seconde crise, qui n'est plus, celle-ci, de mourir, mais de supporter l'évidence d'avoir* ainsi *vécu.* », Gustave MARTELET, *L'au-delà retrouvé*, Éd. Desclée, 1975, p. 141.

* En Genèse **3**, après la faute, Dieu s'adresse à l'homme : « *Yahvé Dieu appela l'homme : "Où es-tu ?"* ». Cette question appelle une remarque qui éclaire de façon particulière le rapport permanent de l'âme à l'Absolu :

> « *Mais il s'agit évidemment, même dans son sens interrogatif, de l'établissement d'un lieu psychique et spirituel. La question précise est : "Où en es-tu ?"* [...] *l'appel est une invitation pour l'homme à prendre conscience de sa* situation [...] *Cette question qui, en hébreu, tient en un seul mot :* Ayéka [...] *c'est le premier mot que Dieu adresse à l'homme. Le premier rapport du Divin à la conscience humaine tient dans une question, et sa valeur exceptionnelle, bien entendu, c'est que cette question est permanente et universelle. À tout homme, à tout moment, Dieu demande : "Où es-tu ?"* », Josy Eisenberg et Armand Abecassis, *À Bible ouverte II. Et Dieu créa Ève*, Éd. Albin Michel, 1979, p. 294, 295.

Ainsi, lors de sa communion avec l'Absolu, l'âme fait son propre bilan, prend la pleine mesure des actes accomplis et se pose cette question : « Où en suis-je ? ». C'est aussi suivant cet auto-jugement qu'il faut comprendre : « *Malheur au monde à cause des scandales ! Il est fatal, certes, qu'il arrive des scandales, mais malheur à l'homme par qui le scandale arrive !* », Matthieu **18**, 7.

même de cette considération... Car à l'analyse nous verrons que la Création tout entière pourrait être affectée.

Il ne peut en aucun cas y avoir une actualisation/expression du mal de la part de l'Absolu, ni châtiment ou acte de « redressement » qui imposerait délibérément une souffrance à l'homme (de cette souffrance qui en dernier lieu ne serait pas aussi une souffrance pour Dieu).

Que la nature de l'Absolu soit incompatible avec l'expression du mal est certes une évidence pour la culture chrétienne, mais suivant une tautologie qui doit toujours se défendre des contradictions qu'on lui oppose, notamment en ce « lieu » même de la Genèse. Dans une approche plutôt « structurelle », en son essence même, sa complétude, nous avons déjà conclu à cette intrinsèque et nécessaire disposition de l'Absolu.

Si troublants que puissent être les éléments mis en scène dans le récit de la Genèse, précisément la présence de l'arbre de la connaissance du bien et du mal, ainsi que celle du serpent, ces éléments ne sont en aucun cas des créations introduites spécifiquement au milieu de notre expression par Dieu, que l'on pourrait alors, en fin de compte et à juste titre, qualifier de pernicieux. Aucune question, aucun doute sur ce sujet ne peut se justifier, compte tenu de l'intrinsèque dynamique qualifiée de l'Absolu.

Ici encore, le récit donne à voir du « Paradis » autre chose qu'uniquement un lieu physique historique : un rapport de la Créature au Créateur dans son lieu d'expression simplement de toujours – son berceau, la Terre.

Le couple humain est défini dès l'origine dans un rapport de proximité particulier avec l'Absolu[65], avec un potentiel lui permettant d'intégrer dans son processus d'évolution les facultés qui lui vaudront de se rapprocher toujours plus de son Créateur et d'accéder en bien des

---

65 « *Dieu créa l'homme à son image, à l'image de Dieu il le créa, homme et femme il les créa.* », Genèse **1**, 27.

points aux privilèges et à la connaissance de celui-ci, cette connaissance que nous avons déjà qualifiée dans l'« Espace » informationnel. La présence de l'arbre de la connaissance du bien et du mal ne traduit que notre proximité et notre ouverture à la connaissance divine. Une proximité si grande que même les potentialités « entropiques » en mesure de produire la césure ontologique entre la Créature finie et son Créateur infini sont accessibles. C'est ici, dans ce rapport, le « prix » de notre intégrité et de notre liberté, doublées de notre proximité et de notre ressemblance[66].

Ainsi, l'arbre de la connaissance du bien et du mal est de toute éternité, il n'a pas été planté au milieu du jardin d'Éden par un Dieu fouettard. Il fait obligatoirement partie de la complétude du « décor », de la complétude divine, des potentialités actualisables.

La présence du serpent est du même ordre, mais plus qu'un témoignage d'une représentation de la présence du mal et de son

---

66 « *Si donc Dieu, révélé comme l'Amour même, a vu que pourrait exister un meilleur chemin que celui qu'il a pris en tant que créateur, et qu'il ne l'ait pas fait, osons dire que nous aurions le droit, vu le calvaire des humbles que constitue l'histoire, de douter qu'il soit vraiment l'Amour, comme il nous dit qu'il l'est ! Mais, puisque nous savons que "Dieu a tant aimé le monde qu'il a donné son Fils pour que le monde ait la vie sauve" (Jn 3,16), nous devons renverser la proposition précédente et résolument prétendre et affirmer : si la création est ce que nous en savons avec ses douleurs de nature et de liberté abîmées, c'est que pour Dieu lui-même qui voulait qu'existât en toute vérité du non-Dieu qui eût par rapport à l'Infini une identité propre, il était, autant dire, impossible que le chemin fût différent ! Comme un tel chemin ne pouvait que paraître terrible et scandaleux, il a donc décidé d'y marcher le premier pour nous faire savoir Lui-même que le fond du mystère n'est pas de la part de Dieu une "déréliction", mais qu'il est bien plutôt une immense procédure de genèse de l'autre, aux fins toutes nuptiales d'une étonnante et divine communion.* »*, Gustave MARTELET, *Libre réponse à un scandale – la faute originelle, la souffrance et la mort*, *op. cit.*, p. 87.

* Compris ici que : le Fils et l'Absolu (Dieu le Père) se rejoignent et se confondent, conformément au mystère de la Trinité en fonction de l'objectif divin de se révéler au final dans un rapport d'équivalence avec sa Créature, suivant un processus, qualifié dans cette réflexion de « transition de phase », qui vise à l'expression de son Unité dans l' « extraversion » de son Essence (voir la description faite du processus qualifié d'« actualisation » de l'information), cela sans conclusion, à notre niveau, sur le caractère de l'acte lui-même, en référence à « *a donné son Fils* » :

« *Il n'y a rien, dans les Évangiles, pour suggérer que la mort de Jésus est un sacrifice, quelle que soit la définition qu'on donne de ce sacrifice* [...] *Dans les Évangiles, la passion nous est bien présentée comme un acte qui apporte le salut à l'humanité, mais nullement comme un sacrifice* [...] [la] *lecture sacrificielle de la passion* [...] *doit être critiquée et révélée comme le malentendu le plus paradoxal et le plus colossal de toute l'histoire, le plus révélateur, en même temps, de l'impuissance radicale de l'humanité à comprendre sa propre violence* [...] », René GIRARD, *Des choses cachées depuis la fondation du monde*, *op. cit.*, p. 203, 204.

actualisation possible, le texte nous renseigne symboliquement, au travers du serpent, sur la dynamique du processus par lequel s'introduit ce mal. Les attributs de l'animal doivent qualifier la nature du processus qui pousse à la consommation du fruit défendu. Le serpent est silencieux, est le plus rusé des animaux et se déplace en rampant... Nous reviendrons sur la « discrétion » du phénomène, car cette propriété est très *singulière*, à défaut de pouvoir dire *remarquable*.

La nature humaine se distingue singulièrement de tous les autres êtres vivants dans ses comportements, qui ne procèdent pas uniquement de son patrimoine génétique (donc programmés), mais qui sont particulièrement dictés par l'imitation et la suggestion. Comportements qui s'inscrivent alors culturellement et temporellement par le langage, l'écriture et les rites.

Ces dispositions résonnent de façon particulière dans notre condition réprouvée.

Comme déjà évoqué, ce sont manifestement les travaux de René Girard qui ont bouleversé notre connaissance sur ce phénomène et ce qu'il induit dans nos cultures.

En épigraphe de son ouvrage *Des choses cachées depuis la fondation du monde*, René Girard[67] cite Aristote :

« *L'homme diffère des autres animaux en ce qu'il est le plus apte à l'imitation.* »

Sans « mimésis[68] » il n'y a évidemment pas de socialisation[69] (pas d'apprentissage, pas de culture). L'élan vers le monde et l'acquisition des choses n'échappent pas à cette situation – aussi l'imitation du geste d'appropriation risque-t-elle d'être conflictuelle.

67 René Girard, *Des choses cachées depuis la fondation du monde, op. cit.*

68 Par mimésis, il faut entendre tout le champ de l'imitation jusqu'à sa manifestation inconsciente.

69 *Cf.* Jean-Michel OUGHOURLIAN, *Un mime nommé désir, op. cit.*

Il en est donc de même du désir qui porte cet acte (sans considération immédiate de ce par quoi s'origine et se justifie le désir, ni ce sur quoi il s'enracine et peut se développer[70] dans le contexte des cultures humaines jusqu'à ce jour. Nous aborderons ultérieurement, plus en détail, les spécificités du désir, mais nous devons déjà remarquer que son expression s'inscrit dans un schéma mimétique).

René Girard parle de « désir mimétique », de « mimésis d'appropriation » et de « rivalité mimétique ».

Les processus mimétiques se rencontrent chez une part importante du vivant, et particulièrement chez les grands primates[71] ; toutefois, le *désir* reste propre à l'humain.

L'apprentissage des gestes de la vie débouche potentiellement sur la *rivalité* pour *s'approprier* les objets du monde. Si le monde animal régule naturellement la violence de cette situation[72], l'homme, dans son évolution, devient dépourvu des mécanismes qui peuvent limiter l'emportement de la violence mimétique en ce lieu. Il faut d'autres solutions pour assurer la stabilité sociale – par exemple, l'interdit.

René Girard nous invite à comprendre que c'est au cœur de ce phénomène que se sont construites de façon particulière les cultures humaines. Il en est ainsi du premier meurtre que génère à son paroxysme cette situation dans l'hominisation naissante où s'inscrivent alors tous les cycles et les emballements mimétiques de la violence (sortir vainqueur, vengeance, etc.) ; les rites, les sacrifices et la pratique du bouc émissaire (cohésion du groupe contre un seul) tentent de réguler ces situations conflictuelles, pour qu'elles ne se reproduisent pas à l'infini, au risque d'anéantir complètement la communauté. Notre civilisation est une longue et lente évolution, complexification (interdits, règles, religions, lois) des premières expressions de cette violence mimétique.

---

70 Ce point engage une certaine différence avec la conception girardienne de la dynamique du désir – nous y reviendrons.

71 Les neurosciences cognitives identifient désormais la source cérébrale qui serait en support des processus d'imitation : les neurones miroirs ; neurones qui s'activent de façon symétrique (d'où « miroir ») pour chacun des individus d'un groupe en présence d'une action de l'un d'entre eux.

72 Il y a chez les animaux des dispositions instinctuelles qui structurent les rapports qu'ils ont entre eux et qui régulent la violence. Le conflit animal reste toujours dans les limites des rapports de domination (*dominance patterns*).

Comme déjà avancé, l'expression du désir n'échappe pas à cette situation : le désir est mimétique. C'est parce qu'un objet est désiré (ou qu'il peut être désiré) par un autre que nous le désirons ; il n'y a pas d'autonomie du désir, qui s'exprime en fonction d'un tiers identifié ou supposé. Le désir se construit suivant une configuration *triangulaire* : le sujet qui désire, l'objet désiré, un tiers qui qualifie (valorise) l'objet, souvent désigné comme « modèle » ou, selon René Girard, comme le « médiateur ». Le médiateur peut aussi être « virtuel » (imaginé) ou rapporté (personne historique, personne géographiquement éloignée, etc.). En fonction de cette situation, René Girard introduit le concept de médiation externe (lorsque le modèle est physiquement hors d'atteinte) et *a contrario* le concept de médiation interne (lorsque le modèle est physiquement présent dans la scène). La médiation interne débouche généralement sur le conflit (un seul objet pour plusieurs personnes...) et, comme déjà remarqué, la violence qui s'instaure n'a pour l'humain, bien souvent, pas d'autre issue que la mort d'un des « acteurs », mort qui pacifie ensuite les hommes autour du cadavre.

La situation sera ritualisée, réglée pour être contenue avec toujours plus de finesse (interdits, lois). Aux origines de l'humanité, la violence et le meurtre fondent nos cultures.

Impossible de reprendre ici tout l'édifice girardien, mais il faut retenir que le désir est mimétique, lequel se fixant sur l'avoir (des choses, des êtres, etc.), met en œuvre la mimésis d'appropriation, source de la violence sans mesure propre à l'homme, qui, à son tour, produit nos cultures particulières, lesquelles ne se maintiennent que par l'expulsion d'une victime (le *pharmacos*, les génocides, etc.).

La configuration du désir revêt justement une importance particulière dans le récit de Genèse **3**, qui reprend dans un raccourci éblouissant tous les éléments structurant notre condition.

L'homme, dans sa condition de finitude, même ouverte à l'évolution, dans sa faculté, pourtant, d'intégrer sans cesse davantage la complexité du monde et de se connaître, ne parvient, pour ce qui est de ce savoir et de son niveau de conscience, qu'à gérer une complexité toujours inférieure à celle des processus qui l'engendrent.

Cette situation conduit ainsi l'homme à réagir et à interagir sur la base de processus qui s'exécutent potentiellement à l'insu de son état de conscience et, donc, d'une certaine façon, indépendamment de sa volonté.

Les prérequis à l'analyse de la « Chute » et de ses conséquences précédemment développés, intégrant l'ensemble des facteurs qui conditionnent l'apparition de l'humain ou qui le caractérisent, amènent nécessairement à reconsidérer les conclusions couramment proposées sur ce récit, particulièrement par les exégèses, sur notre rapport au mal qui s'y exprime, la situation historique d'une culpabilité humaine et, enfin, les vecteurs et supports de ce mal – toutes notions qui relativisent celle de « péché originel » au sens d'une faute fondatrice de notre condition réprouvée, sans toutefois écarter que le mal se décline et fait ici une entrée magistrale dans la Création. C'est un fait, les récits de Genèse **2** et Genèse **3** de la Bible nous alertent sur une situation qui conditionne au plus haut point notre existence et où le mal, qui insidieusement et relativement nous affecte, trouve son fondement.

Il y a ainsi, dans notre processus d'émergence, un risque de « consommer » quelque chose « contre nature ». Averti du danger, l'homme a le choix de braver cet avertissement, et, s'il agit malgré tout, en dernier lieu il mourra. Le récit de la « Chute » se développe en trois temps : l'interdiction et la conséquence finale qu'il y aurait à ne pas en tenir compte : la mort (quelle mort ?) ; puis la scène de l'acte qui passe outre à cet avertissement ; et, enfin, l'énoncé des conséquences qu'il y aura, dans le quotidien de l'homme, pour avoir consommé le « fruit de cet arbre ».

Étant souligné désormais que, globalement, ces conséquences ne sont pas imputables à l'Absolu, l'homme historique lui-même, dans sa genèse, dans sa conscience, dans sa démarche ontologique et métaphysique en devenir – donc, jusqu'à un certain point de maturité des cultures, sans le discernement assuré[73] –, ne peut porter la responsabilité d'un acte aux conséquences pour lui insoupçonnables[74]. La mort annoncée, qui n'est pas la mort biologique imputable à notre vieillissement naturel, arrive non pas par décret ou châtiment divin, mais uniquement en conséquence directe de cet acte.

Si l'entrée du mal dans la Création (son actualisation) ne peut être considérée comme due à une faute imputable à l'humanité naissante (jusqu'à notre lieu), d'une part, et si, d'autre part, les récits de Genèse **2** et de Genèse **3** ne peuvent être remis en question, et que, malgré tout, il y a à un moment donné de l'histoire une responsabilité de l'homme par rapport à ce mal, c'est, alors, que cette faute n'a pas encore eu lieu[75].

---

73 Relativement au texte analysé, il y a dans l'histoire judéo-chrétienne, justement, un certain nombre d'événements qui engagent à ce discernement, mais de façon non décisive, et qui confirment dans leurs récentes expressions que l'homme n'a pas encore atteint la maturité qui le rendrait pleinement et définitivement responsable de l'expression du mal dans la Création : l'exégèse hébraïque, les Évangiles qui viennent témoigner pour une nouvelle approche de Dieu, l'exégèse chrétienne (notamment Pierre Teilhard de Chardin, Gustave Martelet), enfin la pensée de René Girard sur la mimésis et le mécanisme victimaire, les mythes et ce que Girard traduit par la « révélation évangélique » (voir en particulier son ouvrage déjà cité et au titre surprenant : *Des choses cachées depuis la fondation du monde*).

74 Être coupable d'une situation, c'est, à l'origine des chaînes causales qui produisent cette situation, être libre de l'acte qui l'engage, être conscient des conséquences de cet acte, sinon pouvoir anticiper ces conséquences ou du moins être en mesure de pouvoir en connaître, ou, finalement, passer volontairement outre à cette réflexion (ou à la référence établie qui s'oppose à cet acte), sous-entendu que les facultés cognitives nécessaires au discernement soient adaptées, sinon sciemment altérées en amont de cet acte. Dans le cas de l'acte fondateur de l'entrée du mal dans la Création, si cette situation se vérifie pour l'homme en la scène de la « Chute », ce n'est pas le cas pour l'homme de l'évolution tel que nous le connaissons. Considéré évidemment en dernier lieu que, compte tenu de la situation visée, les chaînes causales puissent être révélées, ce qui commande de pouvoir associer les moyens et la fin, soit, impérativement de ne pas être possédé par ces moyens. Situation qui, dans le cas qui nous intéresse, dissimule le chemin, la raison véritable produisant ce en quoi même l'individu s'aliène. Tant que cette connaissance n'est pas accessible, l'individu n'est en rien coupable d'user de sa liberté. Cette connaissance, si elle est désormais disponible, n'a pas encore été pleinement révélée (*cf.* note de bas de page n° 73, p. 54).

75 « *La faute par excellence n'est pas à chercher en arrière, commise par une Humanité bégayante : ne serait-elle pas plutôt à prévoir en avant, au jour où l'Humanité, enfin pleinement consciente de ses forces, se divisera en deux camps, pour ou contre Dieu ?* », Pierre Teilhard de Chardin, *Comment je crois*, Éd. Seuil, coll. Œuvres de Teilhard de Chardin, tome X, 1969, p. 69.

Si l'intuition est formidable, il faut juste réorienter ce que pourrait être la pleine conscience. Cette pleine conscience ne peut être que la révélation, la pleine compréhension de ce qu'est le mal qui ronge nos cultures, originellement désigné par le fruit de l'arbre de la connaissance du bien et du mal, indépendamment de l'interprétation de l'acte lui-même vers le fruit.

Néanmoins, il semble pourtant que nous (re)connaissions dans le lot quotidien de nos cultures, jusqu'à notre « modernité », l'essentiel des douleurs de vivre consécutives à la transgression rapportée en Genèse **3** : « [...] *maudit soit le sol à cause de toi ! À force de peines tu en tireras subsistance tous les jours de ta vie* [...] *À la sueur de ton visage tu mangeras ton pain* ». Il faut conclure de ces réflexions que le mal dont souhaite nous prévenir la Genèse est entré dans la Création à l'insu de la Créature, s'est actualisé de façon « rampante » : le serpent ; que ce mal est entré comme la conséquence d'un acte ou d'un comportement non mesuré, sans qu'un lien de cause à effet puisse se dévoiler ou être compris, la lumière sur cette situation étant encore en devenir. Ce sera alors au moment de cette révélation que l'homme devra, placé en toute conscience de ce mal, choisir de modifier cette situation[76], averti par l'Écriture des conséquences de son choix et, désormais, pleinement et définitivement responsable. Comment pourrait-il en être autrement dans le long et lent processus de notre émergence ?

La Genèse nous informe ainsi de notre rapport au mal, à la fois suivant notre passé jusqu'à notre présent, mais aussi suivant notre futur[77].

---

76 « [...] *si vraiment le dessein créateur de Dieu est de créer un autre lui-même, cet Homme véritable,* verus homo, *à son image et à sa ressemblance, alors ce dessein créateur ne peut se réaliser que si l'être créé pour une telle destination y consent librement, s'il ratifie le don de la création, s'il consent à sa propre création, à sa propre transformation, à ce que les Pères de langue grecque ont appelé sa divinction. Il n'est pas possible que l'être appelé à une telle destination reçoive d'une manière purement passive le don de la création, le don de la participation à la vie même de l'unique incréé. Il faut de toute nécessité qu'un moment arrive où cet être créé réalise le dessein qui lui est proposé, en prenne conscience, en prenne connaissance, et y consente librement, qu'il y coopère activement et intelligemment. C'est dire que Dieu ne peut pas créer un autre lui-même sans la coopération active et intelligente de l'être créé appelé à la participation à la vie même de Dieu.* », Claude TRESMONTANT, *L'Histoire de l'Univers et le sens de la Création*, Éd. O.E.I.L., 1985, p. 157.

77 Notre participation continue au mal « originel » et le devenir de la faute ne sont pas seulement déductibles d'une analyse du texte et de notre connaissance, d'une pure logique de ce rapprochement, le texte lui-même nous guide vers cette déduction :

« *Les rabbins font remarquer que dans les versets douze et treize* [...] *nous trouvons le mot* vao'hel *: "j'ai mangé"* [...] *Or cette expression "j'ai mangé" est ambiguë, non pas dans sa traduction française, mais dans son intitulé hébraïque. La nature du langage hébraïque est telle que cette expression –* vao'hel *– peut désigner l'avenir aussi bien que le passé* [...] *C'est bien ainsi que l'ont compris nos rabbins. Rabbi Abba disait : "Il n'est pas écrit ici* a'halti, *– 'j'ai mangé' –, mais* vao'hel. *Cela signifie : "J'ai mangé et je mangerai.'* », Josy EISENBERG, Armand ABECASSIS, *op. cit.*, p. 328, 329.

Le récit de la « Chute » n'est pas un récit purement historique, moins encore une situation à

En notre lieu, faisant l'expérience quotidienne de la pénibilité annoncée, se confirme jusqu'ici plus aisément l'empreinte de ce mal que ne se discernent sa nature et sa source.

Cette connaissance nécessite désormais d'aller plus loin dans l'analyse de l'acte par lequel le destin du « couple originel » et le nôtre basculent. Deux aspects sont à considérer : la nature de l'acte lui-même par lequel ce mal s'actualise, et ce par quoi il se forge, en précisant que, relativement à ces aspects, ce mal affecte la Création sur plusieurs plans. Sur le plan ontologique, atteignant l'espace de l'esprit et de la culture, il déstabilise le rapport entre la Créature et son Créateur, sur le plan physique, atteignant notre rapport au créé, il déstabilise *in fine* l'équilibre même de l'écosystème.

Dans l'analyse de la « Chute », l'exégèse dénonce l'acte lui-même comme ce qui par essence altère (justement) notre rapport à l'Absolu pour ne retenir que cet aspect du mal. Mais l'arbre de la connaissance du bien et du mal (moyen) a quelque chose à nous dire de spécifique, qui s'ajoute à ce qui a été compris jusqu'ici de cette scène générique.

L'arbre de la connaissance du bien et du mal n'est pas ce qui octroie la connaissance du bien et du mal au sens littéral, qui induit la connaissance de ce qu'il est licite ou non de faire, et de notre responsabilité conséquente – ces notions sont déjà intégrées par le couple humain dès son émergence, sinon l'interdit, et plus encore le dialogue de la tentation n'auraient aucun sens[78], de même que la notion de faute. S'il n'est pas question ici de la valeur dans sa dimension axiologique, alors la situation et le symbole nous interpellent sur un autre plan de la notion de valeur et nous invitent à rechercher une autre déclinaison de la « connaissance du bien et du mal ».

---

découdre uniquement et infiniment au présent, comme nous l'enseigne désormais l'exégèse chrétienne mais un événement aussi en devenir, même si ce devenir peut être imminent.

78 S'il n'en était pas ainsi, comment comprendre « *Dieu créa l'homme à son image, à l'image de Dieu il le créa, homme et femme il les créa.* », Genèse **1**, 27 ? L'homme ne se distinguerait pas des animaux…

Que fait le serpent ? Il introduit la convoitise, le désir, et c'est à partir de ce qu'engage ce désir, au travers de l'objet du désir, que bascule la situation humaine.

Il convient maintenant d'analyser, d'une façon générale, ce sur quoi se fonde et s'articule le désir – indépendamment du fait de considérer ses propriétés[79] – pour traduire ce que recouvre l'arbre de la connaissance du bien et du mal.

[79] Voir ce qui a été précédemment développé sur la nature mimétique du désir.

Avant toute chose, il faut distinguer le désir du besoin pour dégager la spécificité du désir.

Le besoin s'exprime toujours antérieurement à la présence de ce qui peut le combler conformément à un régime de nécessité et de dépendance, alors que le désir se construit sur la promesse d'un mieux-être[80]. Dans la situation actuelle des cultures humaines, il faut remarquer que l'on ne désire que ce qui peut avoir ou dégager une valeur – une valeur au sens de « valeur d'usage[81] », ou encore une

---

80 L'étymologie latine de « désirer » est relative au vocabulaire astrologique (du registre de la divination ou du registre marin). « Desirer » se rattache à la fois à *desiderare* et *considerare*. Dans l'ordre de la requête « astrale », il y a la contemplation, la recherche (*considerare* : examiner, consulter) qui interroge l'astre (*sidus* : étoile), et il y a aussi, bien sûr, le verdict que l'étoile soit ou non au rendez-vous des attentes et potentiellement, donc, le desarroi et le regret de son absence (*desiderare,* contenant le *de* privatif et *siderare* : regarder l'astre – littéralement : « être privé de voir » [l'astre], avec regret, soit : désirer l'astre et regretter son absence). Le désir est attente (orienté vers le futur), attente d'une étoile (qui r-assure l'être), attente à satisfaire – soit le témoignage d'un manque, d'un manque à pleinement être et d'une recherche susceptible de combler ce manque.

81 Non pas la valeur d'usage au sens premier et commun qui qualifie ce pour quoi existe ou se définit naturellement l'élément convoité (son utilité : fonctionnelle, esthétique ou éthique), mais la valeur de l'usage objectivé et personnalisé (son « ophélimité* ») dans l'instant du désir (qui peut aussi, bien entendu, se construire sur la « valeur intrinsèque » de ce qui est visé). Dans la médiation interne, un objet peut être désiré non pas pour ses qualités fonctionnelles mais simplement pour en priver le contemporain qui le désire aussi. La valeur d'« usage » est ici dans la fin.

* Terme du registre économique introduit par Vilfredo Pareto – *Manuel d'économie politique*, Éd. Vincent Giard et Emile Brière, 1909 – pour qualifier la valeur subjective d'un bien

valeur purement abstraite en mesure de produire, par transfert ou par mutation, toute valeur d'usage au niveau déjà précisé (*cf.* note de bas de page n° 81, p. 59), en insistant sur l'hypothèse (*versus* une affirmation, car l'interprétation de la valeur reste suggestive et donc dynamique, susceptible de variations en fonction du contexte de sa considération). Le désir est mimétique (médiation interne ou externe au sens girardien), mais, dans notre condition, cette disposition se fonde toujours sur l'existence justement d'une valeur estimée (imaginée), perçue ou suggérée de l'objet du désir (que ce qui est convoité soit physique : chose, personne ; ou immatériel[82] : idée, projet, organisation, attributs, etc.), qui permettra, finalement, d'obtenir un supplément d'être (que celui qui détient l'objet – *le médiateur* – a déjà,

---

relativement à l'utilité (ordinale) personnelle qu'on en veut faire dans un contexte donné – Le terme est dérivé du grec *ophellimos* (*ὀφέλλιμος*) : utile, profitable.

La valeur mesure le potentiel vertueux d'une chose :

« *Quand les choses ont perdu leur vertu, elles deviennent pour nous sans valeur parce qu'elles ne peuvent plus servir à aucun usage, comme si nous n'étions pas plus avancés en les ayant entre les mains que si nous n'avions rien.* », Louis LAVELLE, *Traité des valeurs I : Théorie générale de la valeur*, Éd. Presses universitaires de France, 1991 (2e édition), p. 9.

Juste en amont de cette remarque, Louis Lavelle précise le caractère vertueux des choses :

« *On peut distinguer la qualité d'une chose et sa vertu* [...] *la qualité d'une chose, c'est ce qu'elle est, la vertu d'une chose, ce qu'elle est capable de produire. Il ne s'agit pas ici proprement de ses bons effets, mais seulement de son efficacité toute pure qui fait qu'elle n'a pas perdu une certaine puissance qui la caractérise et qui la rend apte à un certain usage qu'on en veut faire.* »

À noter que cette approche, dans l'ambivalence valeur/désir, se différencie ici de la pensée girardienne, qui fait naître le désir de chacun du désir de l'autre (le désir est mimétique), mais uniquement suivant ce schéma, sans que cette dynamique circulaire du désir, bien qu'effective, suppose un enracinement qui le justifie plus avant. Sur ce seul fondement, le désir ne serait qu'instinctuel (au sens de physiologiquement conditionné) pour s'inscrire comme la mimésis au plus près de la structure cognitive du vivant (voir les « neurones miroirs » en note de bas de page n° 71, p. 51), pouvant conférer alors, à l'ensemble du vivant doué des processus mimétiques, la faculté de désirer, ce qui ne se vérifie pas (nous aurons à développer encore cet aspect). Cela ne remet aucunement en question la dynamique du phénomène ni sa configuration « triangulaire » (le désirant, l'objet désiré, le médiateur) telles que développées par René Girard – situation qui sinon rétablirait une conception naturaliste du désir (le désir serait autonome, personnel) suivant son seul fondement à partir de la valeur d'usage intrinsèque des objets –, mais fonde le mimétisme du désir au-delà de la seule « stéréophonie » des gestes, des comportements...

82 Concernant l'intérêt des choses immatérielles (ou pseudo-objets), celui-ci, bien sûr, réside surtout dans la place singulière que ces choses doivent permettre d'obtenir (réputation, gloire, pouvoir, etc.). Ce désir ne naît que de la suprématie de ces attributs qui contribuent à potentiellement atteindre toutes les personnes physiques ou tous les objets réels visés.

historiquement ou par le fait de l'objet désiré lui-même)[83]. car ce qui motive le désir, ce ne sont jamais en dernier lieu les éléments eux-mêmes sur lesquels se focalise l'attention, mais bien les attributs que l'on pourra en dégager : le désir est prospectif. En définitive, ce ne sont pas directement les moyens qui comptent, mais la fin (d'où la notion de « valeur d'usage » déjà précisée, car c'est toujours par effet de projection de valeur, qui devient valeur de mieux-être, que s'espère le supplément d'être recherché), cela dans une dynamique qui voile la conscience même du phénomène. C'est bien sûr globalement une *illusion*.

Pour finir, le désir se fonde sur la propension à signifier qu'ont les éléments sur lesquels il peut « s'accrocher ». Tout élément qui signifie (ou peut potentiellement signifier) pour l'Autre doit aussi pouvoir signifier pour moi et inversement. Ainsi, dans les conditions qui sont les nôtres, dans la médiation, ce qui compte, c'est l'attrait qu'éprouve (ou que pourrait éprouver) pour l'objet chacun des sujets (présents ou figurés) qui définit et quantifie le potentiel signifiant de l'objet et par là même sa valeur, éléments qui alimentent le désir[84]. Le désir est toujours

---

83 « [...] *le désir mimétique est toujours désir d'être, désir d'exister davantage, désir d'un accomplissement ou d'une complétude rêvée, que l'on devine au-devant de soi, dont on croit l'autre détenteur.* », Jean-Michel OUGHOURLIAN, *Genèse du désir, op. cit.*, p. 35.

84 « *Toute valeur d'objet croît en proportion de la résistance que rencontre son acquisition. Et c'est aussi la valeur du modèle qui grandit. L'un ne va pas sans l'autre. Même si le modèle ne jouit pas au départ d'un prestige particulier, même si le sujet est d'abord étranger à tout ce que recouvrira bientôt le terme de prestige* [...] *Les éléments du système réagissent les uns sur les autres ; le prestige du modèle, la résistance qu'il oppose, la valeur de l'objet, la force du désir qu'il inspire, tout cela ne cesse de se renforcer en un processus de* feedback *positif.* », René GIRARD, *Des choses cachées depuis la fondation du monde, op. cit.*, p. 319, 320.

Quelle que soit la situation, le désir justifie toujours la valeur qu'il recherche suivant une singularité propre (un pouvoir faire, un pouvoir être, etc.) qu'il projette sur l'objet désiré ou sur le modèle (médiateur), singularité que le sujet n'a pas et suivant laquelle s'objective le supplément d'être recherché : soit le prestige du médiateur qui singularise les objets qu'il approche, soit le médiateur – déjà distingué ou non – qui singularise l'objet par le seul fait de le choisir – que l'objet soit unique ou pris parmi *n* identiques*. L'objet confère alors par réciprocité un « avantage » au médiateur qui justifie en retour pour le sujet l'intérêt pour l'objet.

* Ce dernier scénario éclaire particulièrement deux aspects du désir :

a) la valeur fonctionnelle (intrinsèque) de l'objet participe pour très peu à sa singularisation, l'objet acquiert une valeur qui le positionne dans le monde subjectivement ;

b) c'est suivant ce scénario que l'on reconnaît particulièrement au désir d'être uniquement mimétique ; sinon, les autres objets présents et identiques devraient combler tout autant

corrélatif d'une projection de valeur suivant la recherche d'un signifiant, d'une valeur propre à apporter un mieux-être, un supplément d'être, soit à combler un manque ontologique[85] – aussi désirer est-il une faculté spécifique à l'espèce humaine[86], qui intensifie le processus mimétique jusqu'à occulter la raison du respect fondamental de l'Autre et, certainement, jusqu'à occulter même, dans la crise mimétique, les dernières bribes naturelles qui pourraient encore s'exprimer de cet instinct de la vie à tout prix.

C'est suivant ce qui sous-tend la création de valeur que se justifie le désir dans la situation du moment et que se définit alors la spécificité de cette relation au monde.

Si le désir est particulier à l'homme, c'est dans sa phylogenèse que s'origine cette faculté qui lui est propre, dans ce lent processus d'hominisation qui le sépare petit à petit du règne animal, dans cette évolution où conscience et caractères innés évoluent de façon inversement proportionnelle, où le sujet prend sa liberté de l'instinct qu'il perd.

C'est alors dans ce toujours plus de conscience que le sujet « rencontre » l'épreuve de sa finitude, de sa temporalité. En dernier lieu, le rapport que l'homme entretient avec la mort lui est spécifique dans sa faculté de conscience libre d'y réfléchir, là où le règne animal, même si conscient de cette fin, n'a pas les attributs pour en faire un lieu de questions, de réflexion… Le sujet se confronte nécessairement à une

---

le sujet et le modèle – voir l'exemple commun de deux enfants se disputant un même objet pourtant disponible en quantité.

85 « *Si le désir se montre donc comme désir d'être, à son origine ne peut que se trouver un manque d'être : le sujet fait expérience de son être comme d'une absence perpétuelle, un quelque chose dont il manque et qu'il faut absolument récupérer. Ce que le désir vise est la coïncidence de l'individu désirant avec lui-même, c'est-à-dire la plénitude d'être, l'état dans lequel chaque désir cesserait pour laisser la place au bonheur et à l'autosuffisance.* », Claudio Tarditi, « Manque d'être, désir et liberté : pour une comparaison entre Jean-Paul Sartre et René Girard », *in Le Philosophoire* n° 23 L'Humain, Éd. Le lisible et l'illisible, 2004, p. 219.

86 L'homme a des désirs que n'ont pas les autres espèces vivantes supérieures, pour lesquelles la relation au monde n'est dictée que par les instincts et les besoins. Le désir est à distinguer de l'instinct. L'instinct manifeste les comportements génétiquement programmés, innés, il est propre et uniforme au sein d'une même espèce, alors que le désir « joue » des situations. L'instinct vise toujours au maintien de la vie du sujet et régule au final les situations conflictuelles du monde animal, chose que le désir peut annihiler.

« angoisse » qu'il lui faut surmonter. En réponse, la recherche et la création du signifiant et son cortège de valeurs subjectives ont certainement quelque chose à voir avec la conscience de la non-permanence de la vie[87]. À l'origine, c'est notre rapport à la mort qui déclenche le « régime » subjectif de la valeur. C'est par cette valeur que s'opère, au sens anthropologique du terme, le « fétichisme » de l'objet et que s'ordonne le monde entre l'être et le néant[88]. Le « régime » subjectif de la valeur[89], une fois institué, fournit au seul désir que nous connaissons son fondement et alimente sa circularité au-delà d'une mimésis dans laquelle il se greffe et se fond, et qu'il dérégule pour se perpétuer et dépasser les principes régulateurs instinctuels.

Ces éléments précisés, nous pouvons reprendre le texte de Genèse **3**.

---

87 L'objet, en tant qu'outil (bien-être à l'effort), assure d'une certaine façon la permanence du sujet et l'éloigne physiquement, autant que faire se peut, de la mort (ce qui sera déterminant pour les outils de la chasse) ; en tant qu'objet d'art (bien-être aux sens), il occupe l'esprit et éloigne le sujet de la préoccupation, de l'angoisse (métaphysique) d'être mortel. La valeur assigne aux objets de combler le non-sens que la question sans réponse de la finitude a générée (ce non-sens pourrait être dépassé par l'esprit s'ouvrant à la transcendance, mais *Homo habilis* rencontre la mort avant la Déité…).

« […] *les sauvages utilisent les biens précieux considérés, non pas comme nos monnaies marchandes pour acheter une vaste gamme de biens ou de services, mais comme les symboles, les gages, les contreparties, de ce qu'ils pensent être primordial, les substances nécessaires à la perpétuation de la vie.* », Philippe ROSPABÉ, *La Dette de vie – Aux origines de la monnaie*, Éd. La Découverte / Revue du MAUSS, 1995, p. 23.

Revoir également la note de bas de page n° 85, p. 62.

88 « […] *La valeur évoque* […] *l'idée d'une composition entre des éléments, d'un acte de l'esprit qui assigne à chacun d'eux la place qui lui est propre, ce qui incline à en faire non plus une simple propriété de l'objet, mais encore* […] *une sorte de proportion entre l'être et le néant.* », Louis LAVELLE, *op. cit.*, p. 12.

89 Nous évoquerons désormais cette subjectivité par le simple terme de « régime » de la valeur.

Quel est l'objet du désir que le serpent suggère à Ève ? Le fruit de l'arbre de la connaissance du bien et du mal. Et sur quelle valeur d'usage (ophélimité) s'appuie ce désir ? Celle d'être l'égal de Dieu sans Dieu (contre Dieu, contre sa recommandation de ne pas consommer le fruit de l'arbre de la connaissance du bien et du mal), d'acquérir les attributs divins de façon indépendante[90], et en particulier deux de ces attributs :

– la faculté de connaître le bien et le mal, soit, dans une signification décontextualisée, d'introduire le principe de la valeur comme principe de la relation aux et entre les choses ou les êtres, et qui dans sa forme générale permet d'exprimer ce qui est bien, mal ; ce qui est bon, mauvais ; ce qui est qualitativement supérieur, ce qui est qualitativement inférieur, etc. ;

– la vie éternelle.

La faculté de connaître le bien et le mal…

Concernant ce premier attribut, nous avons déjà conclu qu'il ne pouvait, de façon symbolique, être question ici du caractère axiologique de la valeur. La connaissance suivant cette dimension est déjà intégrée

90 « *Ce n'est pas le désir en* lui-même *de "devenir comme des dieux" qui est le mal du "jardin". L'Écriture elle-même, Jésus va le redire (Jn **10**,36), nous appelle des "dieux" (Ps **82**,6). Le mal est de vouloir l'être ou le devenir* par soi seul. », Gustave MARTELET, *op. cit.*, p. 55.

par le couple humain, sinon l'avertissement et le dialogue de la « Chute » n'auraient aucun sens[91]. L'aspect moral écarté, que reste-t-il ? Que dit encore Genèse **3**, à la suite de la transgression ?

> « *La femme vit que l'arbre était bon à manger et séduisant à voir, et qu'il était, cet arbre, désirable pour acquérir le discernement.* »

Le *discernement* (et non pas simplement la *connaissance*) ; discerner implique la mesure, l'évaluation… C'est percevoir, dégager une chose du monde, ou suivant sa nature, ou suivant une *valeur* par jugement… Soit pouvoir opérer l'ordonnancement des choses, du monde… Il faut se rendre à l'évidence : la notion de valeur ici engagée doit être considérée dans son acception purement comparative, dans sa fonction hiérarchique, dans la dynamique des différences relatives et de la qualité subjective qui « opposent » les choses, les êtres (indépendamment de leur valeur objective, qui, alors, passe au second plan), suivant un processus purement mental qui les met

---

91 Le texte – dans sa forme et ses précisions – s'accorde également sur cet aspect. Par deux fois, dans ses réponses au serpent, Ève trahit la présence en son esprit d'une préoccupation particulière concernant l'interdiction, nous laissant à penser qu'émerge en elle une réflexion, sinon une question sur la situation, soit déjà le soupçon du mal qu'il y aurait à transgresser la Parole divine. À la question du serpent : « *Alors, Dieu a dit : Vous ne mangerez pas de tous les arbres du jardin ?* », Ève répond : « *Nous pouvons manger du fruit des arbres du jardin. Mais du fruit de l'arbre qui est au milieu du jardin, Dieu a dit : Vous n'en mangerez pas, vous n'y toucherez pas, sous peine de mort.* » Dans un premier temps, Ève place l'arbre de la connaissance du bien et du mal au centre du jardin et, ensuite, elle précise qu'il est interdit d'y toucher, or ces précisions sont fausses…

De façon symbolique, il y a un arbre au centre du jardin, mais c'est l'arbre de vie. Certainement l'arbre de la connaissance du bien et du mal revêt-il une importance tout aussi capitale pour être désigné en même temps par Dieu (mais pour des raisons naturellement fort différentes), certainement est-il assez proche pour nuire à l'arbre de vie, et il le fera, mais en aucun cas il n'est précisément au centre du jardin (comment l'exégèse n'a-t-elle pas remarqué ce paradoxe de garder l'arbre de la connaissance du bien et du mal au centre du jardin ?). Il n'y a pas non plus d'interdiction d'y toucher*. Reprenons Genèse **2** :

> « […] *Yahvé Dieu fit pousser du sol toute espèce d'arbres séduisants à voir et bons à manger, et l'arbre de vie au milieu du jardin, et l'arbre de la connaissance du bien et du mal* […] *Et Yahvé Dieu fit à l'homme ce commandement : "Tu peux* [dois] *manger de tous les arbres du jardin mais de l'arbre de la connaissance du bien et du mal tu ne mangeras pas, car, le jour où tu en mangeras, tu deviendras passible de mort"* ».

Ève a donc pleinement conscience du mal de la transgression pour être troublée au point de surajouter de l'information et de déplacer la réalité des choses. Sur ce point, sur cet aspect axiologique de la valeur, nul besoin du serpent pour l'introduire. Le serpent fait donc « rentrer » quelque chose d'un autre ordre au sein de la Création.

* Ce que remarquent Josy EISENBERG et Armand ABECASSIS, *op. cit.*, p. 218.

subjectivement en relation. Pourrions-nous déjà employer le terme « économie » ?

La vie éternelle…

La promesse de la vie éternelle répond évidemment à l'angoisse de la mort[92]. La première réplique du serpent, « […] *Vous ne mourrez pas !* », n'engage rien directement suivant cet ordre et répond seulement mot pour mot à la remarque d'Ève : « *Mais du fruit* […], *Dieu a dit : Vous n'en mangerez pas* […] *sous peine de mort* ». Cela pour, consécutivement, lever le lien de cause à effet immédiat qu'implique l'acte de consommer le fruit interdit. Mais le serpent insinue autre chose : « […] *vous serez comme des dieux* […] », sous-entendu : qui ne meurent pas[93]…

C'est ici précisément, dans « *vous serez comme des dieux* », que le serpent introduit la notion de valeur pour susciter le désir. Faisant porter cette capacité, cette valeur à l'objet, il déplace ainsi sur l'objet ce qui n'appartenait qu'à l'Absolu – répondre à l'angoisse existentielle de l'homme – et, de cette manière, commence à détourner l'intérêt de la Créature pour son Créateur.

Pour finir, ce que dit le serpent de façon indirecte mais plus concise : « *Intégrez le "régime" de la valeur et vous serez immortels* ».

En parallèle du récit, et pour revenir à notre condition, l'humanité naissante, qui tente de surpasser l'angoisse de sa temporalité, n'a pas d'autre espoir que d'atteindre cette immortalité et, dans ce désir d'être, par projection de valeur (nécessairement subjective), assigne aux

---

92 Un tel sentiment peut-il avoir sa place dans le récit de la Genèse ? Une herméneutique du texte ne semble pas interdire cette situation, rien n'empêche Adam ou Ève d'avoir des moments d'interrogation sur leur temporalité : Ève est seule dans l'instant de la tentation…, le couple humain se sait mortel, possède tous les attributs psychologiques pour y réfléchir. En dernier lieu, le texte ne porte aucune parole entre l'Absolu et le couple humain qui viendrait préciser le mystère de la mort…

93 Soit, dans l'ordre de la réponse : le fruit de l'arbre de la connaissance du bien et du mal n'est pas un poison, mais ouvre à d'autres propriétés.

choses de « repousser » sa finitude, suivant les degrés physique et psychique de notre rapport au monde.

Consommer le fruit de la connaissance du bien et du mal, c'est mettre en œuvre le « régime » subjectif de la valeur dans notre relation au monde, et, inversement, mettre en œuvre le « régime » subjectif de la valeur dans notre relation au monde, c'est consommer le fruit de la connaissance du bien et du mal. Le récit de Genèse **3** est bien, de façon symbolique, conforme à notre condition d'émergence.

Ainsi, le récit nous informe de l'entrée du mal dans la Création. L'acte qui actualise le mal, dans le jardin d'Éden qu'est la Terre, n'est autre donc que, dans notre processus évolutif, l'introduction dudit « régime » de la valeur dans notre relation au monde, en compensation du scandale de la mort, de notre crise existentielle. Toute notion de « péché » relativisée[94] (pour ne retenir qu'une introduction par « inadvertance » de ce mal et de ses conséquences) :

> « [...] *ce n'est pas le péché qui cause la mort physique, mais bien la mort physique qui occasionne le péché.*[95] »

C'est par la nature même de l'objet du désir, « l'arbre de la connaissance du bien et du mal », que s'opère complètement le drame de la transgression qui s'exprime dans la « Chute », et non pas uniquement par l'acte de la transgression. La transgression seule, qui consiste à prendre une autonomie en refusant de se soumettre à la parole et en cherchant à se rendre libre de Dieu, affecte au plus profond notre équilibre ontologique, notre rapport à l'Absolu[96], mais nous

---

94 *Cf.* note de bas de page n° 59, p. 41.

95 Gustave MARTELET, *Et si Teilhard disait vrai...*, Éd. Parole et Silence, 2006, p. 43.

Aussi pourrions-nous dire que l'homme historique (de l'origine jusqu'à la Révélation) est responsable, mais non coupable.

C'est suivant cette conclusion que l'on peut comprendre, aussi, pourquoi le texte de Genèse **3** désigne Ève comme première « responsable » de la transgression. La femme est source de vie, c'est elle qui est touchée de plein fouet par l'angoisse, le scandale de la mort.

96 « *La folie du péché* [...] *nous inspire en somme d'arracher Dieu au domaine de l'*autre *et même du Tout Autre et de le faire tomber dans la catégorie du* même, *où nous désirons l'égaler et donc l'abolir comme* Différent *de nous. Nous espérons y parvenir en refusant de nous soumettre à la parole où se reflètent en même temps notre différence d'avec lui et la sienne, infinie, d'avec nous. Espoir d'autant plus dérisoire qu'il est par définition impossible d'abolir*

devons en priorité prendre acte de la dynamique par laquelle cristallise le désir au-delà de son caractère mimétique, pour comprendre la nature de ce dont Genèse **3** veut nous prévenir et qui affecte ensuite notre rapport au créé.

À la lumière de cette nature du mal, il faut reprendre Genèse **3** et reconsidérer ce qui, à la suite de la transgression, a été principalement compris comme sanctions, malédictions (en réservant Genèse **2**, 16 - 17 en seconde partie de ce développement) :

Dans l'ordre des conséquences, sans que cela apparaisse de prime abord comme une répercussion fâcheuse, le couple humain se « découvre »...

« *Ils comprirent qu'ils étaient nus...* »

Sous le « régime » subjectif de la valeur, Adam et Ève deviennent l'un pour l'autre objet d'évaluation, ils se différencient et, en premier lieu, de façon allégorique, portent un regard qualificatif sur ce qui les spécifie, homme, femme, et, naturellement, immédiatement, suivant leurs attributs physiques.

La prise de conscience spécifique de la nudité représente symboliquement la prise de conscience de l'Autre comme sujet différencié, comme sujet (objet...) potentiel de désir, soit comme sujet déjà valorisé à la mesure de chacun...

---

ce qui fait le divin même en Dieu. Le pourrions-nous, nous n'y gagnerions jamais que le néant universel, alors que ce Dieu qui nous gêne, dit-on, parce qu'il est le seul à être l'Absolu, étant l'Être comme tel, nous a promis la Vie qu'il est [...] *Paraboliquement transférée au début de l'histoire, la tentation radicale de l'Homme est donc faite, au regard de la Bible, du désir insensé de devenir Dieu par soi-même, en réduisant ainsi à notre taille le mystère de Dieu et, de ce fait, le nôtre aussi. Le sens du Tout Autre se trouvant bouleversé, c'est tout l'ordre de l'*autre *(autrui et le reste du monde), qui l'est aussi.* ». Gustave MARTELET, *Libre réponse à un scandale*, *op. cit.*, p. 56.

La transgression, elle-même, suivant son objet (être l'égal de Dieu par soi seul... sans Dieu), cherche à réduire la différence avec l'Absolu. Suivant une telle démarche, c'est en fin de compte nier son existence, et nier son existence conduit forcément à la relativité de notre jugement. C'est toujours corréler les questions ontologiques et éthiques à notre seule présence vivante et, pour finir, au niveau individuel, éteindre toute responsabilité à la fin de cette séquence (*cf.* note de bas de page n° 5, p. 11). Point besoin d'imagination pour appréhender les effets de bord multiples de cette situation.

L'homme et la femme ne sont plus une unité, ne sont plus don l'un pour l'autre[97].

« *À la femme, il dit : "Je multiplierai les peines de tes grossesses, dans la peine tu enfanteras des fils. Ta convoitise te poussera vers ton mari et lui dominera sur toi."* »

Réservons « *"Je multiplierai les peines de tes grossesses…"* » en deuxième analyse des éléments qui touchent Ève.

« *"Ta convoitise te poussera vers ton mari et lui dominera sur toi."* »

« *"Ta convoitise..."* » Il faut s'arrêter sur les mots : la version originale de la Bible est aussi traduite par « *vers lui ton désir* [...][98] ». C'est bien de désir qu'il s'agit, avec en corollaire tous les aspects et toutes les conséquences qui y sont attachés. Adhérer au « régime » de la valeur, c'est engendrer une certaine forme de désir et laisser libre cours, finalement, à la mimésis d'appropriation, et à son lot de conflits et de souffrances. Dans la « soupe » du désir mimétique et de la valeur se développent la surenchère de la séduction (désir d'être), la jalousie… La femme, source de vie, est naturellement au cœur des tensions, des rivalités, etc.[99]

« *"Je multiplierai les peines de tes grossesses…"* »

Le mot « peine » peut recouvrir le sens de douleur physique, mais pas seulement, et ce n'est pas dans ce sens qu'il doit être uniquement

---

97 « L'entrée du Péché dans l'histoire humaine s'est faite par un acte indissolublement personnel et social, *où le rapport inter-personnel des partenaires était engagé sous son aspect le plus profond. Connaître l'autre et se connaître soi-même en l'autre devant Dieu, ou en faisant abstraction de Dieu ; affronter l'autre dans un acte de possession (soit par domination, soit par convoitise), ou l'accepter comme un don absolu reçu de Dieu ; le rencontrer en trouvant en Dieu le lien absolu qui assure l'unité des deux dans l'amour, ou tenter de substituer l'autre à Dieu pour soi-même et soi-même à Dieu pour l'autre : tel était l'enjeu de la question posée.* », Pierre GRELOT, *Réflexions sur le problème du péché originel*, Éd. Casterman, 1968, p. 60.

98 Josy EISENBERG, Armand ABECASSIS, *op. cit.*, p. 195.

99 Voir le fondement de la théorie de Rene Girard dans son ouvrage *Mensonge romantique et Vérité romanesque*, Éd. Grasset, 1961.

compris ici, l'emploi de « *Je multiplierai* » et de « *peines* » au pluriel le confirme. La multiplication sous-tend la présence initiale d'un existant, qui ne peut être que nécessairement cette douleur physique, donc déjà historiquement vécue, mais la multiplication même de la douleur physique n'a aucun sens (même prise au sens d'augmenter – *ce qui n'est pas celui du verbe ici employé* –, cette extension n'a pas de confirmation historique...). La douleur de l'accouchement n'est donc en aucun cas une conséquence de l'entrée de ce mal dans la Création... Ce sont d'autres peines, consécutives à l'expression du mal, qui s'additionnent à cette douleur physique naturelle. C'est dans l'angoisse de donner la vie dans un monde rendu hostile par le mal qu'il convient de trouver ce redoublement de souffrance. Qui plus est, cette multiplication s'effectue dans le temps (« *"Je multiplierai..."* ») ; ces souffrances morales vont aller *crescendo* « simplement » avec l'expression grandissante de la violence. Cette douleur peut déjà trouver son expression dans nos sociétés de plus en plus déshumanisées, dans les multiples conflits que la Terre vit et qui vont s'intensifier[100]. Ainsi, que ressentir, pour qui donne la vie, devant l'horreur d'une humanité prise dans des affrontements toujours plus grands, des catastrophes toujours plus importantes de son écosystème déréglé, « atomisé »...[101] ? Puissions-nous être gardés du paroxysme d'un tel scénario où

---

100 « *En l'absence du mécanisme fondateur, le principe de violence qui domine l'humanité va connaître une recrudescence formidable quand il entrera en agonie. Pour comprendre cela, il suffit de se rappeler le caractère paradoxal de tout ce qui touche au mimétisme et à la violence. Celle-ci ne peut devenir son propre remède que par l'intermédiaire du mécanisme victimaire, et le mécanisme victimaire ne se déclenche qu'au paroxysme frénétique de la "crise". C'est dire qu'une violence atteinte dans ses œuvres vives, une violence qui a perdu son mordant et qui est désormais sur son déclin sera paradoxalement plus terrible qu'une violence encore intacte. Une telle violence va sans doute multiplier les victimes, comme à l'époque des prophètes, dans un vain effort de l'humanité entière pour restaurer ses vertus réconciliatrices et sacrificielles.* », René GIRARD, *Des choses cachées depuis la fondation du monde*, *op. cit.*, p. 213.

« *Et il faut bien voir que le grain de sable du savoir dans l'engrenage de la victime émissaire ne signifie pas, bien au contraire, qu'il y aura moins de victimes. Nous ne faisons pas de l'optimisme béat. Plus la crise du système sacrificiel est radicale et plus les hommes sont tentés de multiplier les victimes afin d'aboutir, quand même, aux mêmes effets.* », René GIRARD, *ibid.*, p. 42.

101 À ces événements, il faut encore ajouter, dans le désespoir de la fin constatée, le cynisme et la perversité débridés qui pourraient se nourrir de la situation. *Cf.* Pierre-Henri CASTEL, *Le Mal qui vient*, Éd. Cerf, 2018.

conséquemment la survie de l'espèce humaine serait, dans l'urgence, suspendue à la seule multiplicité obligée de ses naissances...

> « *À l'homme, il dit : "Parce que tu as écouté la voix de ta femme et que tu as mangé de l'arbre dont je t'avais interdit de manger, maudit soit le sol à cause de toi ! À force de peines tu en tireras subsistance tous les jours de ta vie* [...] *À la sueur de ton visage tu mangeras ton pain, jusqu'à ce que tu retournes au sol* [...]*"* »

Contrairement à ce qui est souvent compris, ce n'est pas Adam qui est maudit par le travail, ce n'est pas le travail qui est une malédiction en soi, mais il le devient dans l'instauration de la valeur. C'est le travail qui devient maudit par la valeur, qui devient pénible, source de frustration et d'aliénation, et c'est aussi le sol qui, en définitive, ne donnera plus gratuitement, cela va de pair. C'est le rapport au créé et son exploitation qui se trouvent transformés.

In fine, la conjugaison de la valeur des êtres et des choses engendre notre modèle de société. Le « régime » de la valeur conduit toujours en ce lieu, c'est inéluctable. Dans la lente évolution de la culture humaine, du don dénaturé (calculé, valorisé dans les protocoles) jusqu'au capital (avec son fétichisme de l'unité valeur : monnaie, indices boursiers, etc.), en passant par le troc, ce n'est qu'une question de temps[102].

---

102 Le « régime » de la valeur s'est infiltré dès les premiers jours de l'histoire humaine jusqu'à nos sociétés sans faillir. Chaque être humain qui naît se trouve inconsciemment « formaté » par son milieu suivant cette manière particulière de voir et de gérer le monde, et participe, ensuite, lui-même à maintenir la « chose ». C'est, ainsi, dans l'émergence et la dynamique de ce régime que l'on peut identifier désormais cet avatar (pour ne pas employer le mot « péché ») surprenant et dérangeant, qualifié deux fois par l'exégèse chrétienne et qui fait que chaque être humain vient au monde avec le poids d'un acte qu'il n'a pas commis, mais dont il hérite malgré lui (soit suivant cette exégèse que chaque humain est pécheur selon la faute du premier et qui se traduit par le *peccatum originale originans,* où le mal fait son entrée dans le monde – récit de Genèse **3** –, et le *peccatum originale originatum,* où chacun participe par condition existentielle au mal originé – c'est encore de cette dernière situation et des déclinaisons pratiques de ce phénomène que peut se comprendre l'universalité du mal qui affecte tous les hommes sans exception auquel font référence les annonces apocalyptiques de la Bible dans le livre de Daniel).

Il faut par ailleurs souligner que tout (nouveau) système d'échange qui met en œuvre une unité de compte pour réguler ses activités (que cette unité soit physique : monnaie, jeton, objet... ou logique : temps) permet toujours de qualifier subjectivement les choses et donc de les valoriser arbitrairement. Dans ces situations, tenter d'échapper définitivement aux effets de bord du système économique aujourd'hui établi, sans renoncer justement à valoriser les biens et les services, sans renoncer à maintenir un agent de médiation, est une illusion (cela même en introduisant des mécanismes de résistance à la capitalisation pour autant qu'on discerne ce que potentiellement un tel agent induit – ce qui, dans tous les cas, dans ces conditions, reste une contradiction). Ce n'est d'ailleurs pas l'élément médiateur qu'il faut, en priorité, combattre, mais toujours le régime de la valeur. L'agent médiateur ne fait que porter, manifester cette valeur projetée et, en dernier lieu, est lui-même atteint par ce régime.

Le « régime » de la valeur, dans la mesure imposée des jeux de valeur concurrentiels, prive l'homme de sa liberté originelle (la vraie et la seule qui ait jamais existé) de jouir de la vie suivant une mesure choisie dans le « souci » du respect des autres et de sa descendance ; et fait du travail un acte sous contrôle (rétribué), et finalement fermé sur le moi, plutôt qu'un acte d'échange ouvert (gratuit) vers le développement des autres (jouir de la vie à partir et à la proportion d'un salaire imposé plutôt qu'à la mesure d'un consentement pour un partage pérenne). Il est toujours pénible d'évoluer dans le « subi », contrairement au fait d'évoluer dans le « choisi ». La vraie liberté n'est pas de tenter de s'approprier, de « gagner » le monde pour le vivre (au détriment des autres, dans des contraintes toujours à lever[103]), mais de pouvoir soi-même raisonnablement limiter sa consommation d'un monde donné, dons qui, exercés par tous et pour tous, deviennent alors, au niveau de chacun, potentiellement infinis. Le monde a perdu

103 Le désir, sous le joug de la valeur, devient un rapport particulier au monde qui vise l'autonomie de l'être dans une volonté de s'approprier le monde par soi-même et, dans son paroxysme, au stade du désir du désir de l'Autre, un « vouloir exister » par-delà l'Autre, un égoïsme.

sa gratuité. Nous développerons encore tous les aspects conséquents à ce régime.

Ayant repris chacune des conséquences énoncées dans Genèse **3** faisant suite à la transgression, nous devons terminer par la plus importante, annoncée dans Genèse **2** :

> « *Et Yahvé Dieu fit à l'homme ce commandement : "Tu peux manger de tous les arbres du jardin. Mais de l'arbre de la connaissance du bien et du mal, tu ne mangeras pas, car, le jour où tu en mangeras, tu deviendras passible de mort."* »

Dans le récit de Genèse **3** nous avons vu qu'il n'y avait pas de lien direct de cause à effet entre la consommation du fruit de l'arbre de la connaissance du bien et du mal et la mort biologique, la transgression ne perturbe pas le cycle de vie propre du couple humain, et le récit confirme que cette fin de vie s'inscrit naturellement dans l'ordre du créé.

Quelle est la mort annoncée ?

Comme déjà évoqué, l'exégèse chrétienne y voit désormais la mort spirituelle.

La mort spirituelle affecte l'esprit qui nous anime jusqu'au lieu de son autonomie pure, au-delà de notre mort physique. Ce drame se « joue » sur le plan « moral », à la suite d'un fait qu'on ne peut plus corriger, d'une distance que l'on ne peut plus combler. Ce drame est tel qu'il ne peut avoir sa solution que dans notre propre équilibre, qu'on ne sait retrouver ou qu'on se refuse à retrouver, un état d'« être » inconsolable[104]. Ce drame se noue au point d'offense de l'Autre, de l'Absolu que le pardon peine à atteindre, non pas que ce pardon ne nous soit pas offert, mais parce que nous le refusons, tout indigne en raison de nos actions.

[104] *Cf.* note de bas de page n° 64, p. 46.

Dans l'hominisation qui conjugue le récit, c'est une potentielle situation de l'Être qui n'a pas besoin de connaître la nature de l'arbre de la connaissance du bien et du mal, il suffit seulement que le mal ait fait son entrée dans le monde. C'est malgré tout une situation individuelle qui n'est pas vérifiée tant que la connaissance de ce mal (savoir qui rend coupable) n'est pas pleinement acquise, puisque la faute n'existe qu'à cette condition de connaissance[105].

Le récit de Genèse **2** tente de nous prévenir de la faute qui engage la mort, faute que nous avons discernée en devenir et qui consisterait à mépriser cet avertissement. Ainsi, le récit peut se présenter, d'une certaine manière, comme un ultimatum sur le plan purement de l'Être, nous avertissant de la pleine réalisation de l'enfer, qui dépend de la révélation de l'origine du mal, et de l'ignorance que l'on voudra alors feindre à ce sujet.

Toutefois, la connaissance du mal acquise, au regard de l'actualité du récit qui se dessine, puis, en dernier lieu, de la situation quasi apocalyptique de notre Terre, nous pouvons deviner qu'il y a plus urgent que de prévenir de la mort spirituelle de chacun dans un monde que l'on imagine alors dans l'effort de ses perpétuelles contradictions, divisions – et que, en fin de compte, la mort dont il est question ici pourrait bien être d'abord la mort physique de l'homme, non pas au niveau spécifiquement individuel, mais en tant qu'espèce : sa disparition de la Création, son extinction[106].

---

105 *Cf.* note de bas de page n° 74, p. 54.

106 Certains feront la remarque que, suivant ces considérations, on donne ici l'écho aux sirènes alarmistes et pessimistes du catastrophisme, que la Terre a toujours été le lieu de bouleversements, de cataclysmes, que nos cultures ont toujours été le théâtre de guerres, de conflits à résoudre et qu'il n'y a pas aujourd'hui plus qu'hier à fustiger notre époque dans la longue histoire de notre évolution, que la Terre et notre situation ne présentent pas de façon plus décisive d'éléments assurés et déterminants qui préfigureraient un moment singulier de notre devenir que nous ne saurions gérer – et ils pourraient, d'une certaine façon, avoir raison... À ceci près que l'Humanité engage désormais des moyens qui, gérés au final sous le seul régime des intérêts concurrentiels de la valeur et du capital, conditionnent alors sa situation de façon potentiellement irréversible (développement du nucléaire, des vecteurs du réchauffement climatique, de la génétique, etc.).

Si la Bible tente de nous prévenir en Genèse **2** de ce qui pourrait signifier notre perte, elle doit alors nous donner également, de façon non équivoque, les signes de l'expression de ce moment

Mettre en œuvre le « régime » de la valeur, c'est inévitablement arriver au point de notre culture et avoir à gérer ce choix, ce destin tragique.

---

radical qui conclut cet avertissement. Il faut relire le « *Discours sur le mont des Oliviers* » des Évangiles, où les apôtres interrogent Jésus sur ce moment annoncé :

« *"Dis-nous quand cela aura lieu et quel sera le signe que tout cela va finir ?" Alors Jésus se mit à leur dire : "*[...] *Lorsque vous entendrez parler de guerres et de rumeurs de guerres, ne vous alarmez pas : il faut que cela arrive, mais ce ne sera pas encore la fin. On se dressera, en effet, nation contre nation et royaume contre royaume. Il y aura par endroits des tremblements de terre, il y aura des famines. Ce sera le commencement des douleurs de l'enfantement* [...] *Lorsque vous verrez l'abomination de la désolation installée là où elle ne doit pas être (que le lecteur comprenne !) alors que ceux qui seront en Judée s'enfuient dans les montagnes* [...] *Ainsi vous, lorsque vous verrez cela arriver, comprenez qu'Il est proche, aux portes. En vérité je vous le dis, cette génération ne passera pas que tout cela ne soit arrivé."* », Marc **13**, 4-30.

Si le texte énumère ce qui peut caractériser une situation apocalyptique, l'évangéliste prend soin d'engager chaque fois ces descriptions par des éléments temporellement beaucoup plus spécifiques, qui caractérisent notre histoire : « *Lorsque vous entendrez...* », « *Lorsque vous verrez...* » (et non pas simplement : « *il y aura...* », « *il arrivera...* », etc.) ; termes qui, placés en introduction de ces descriptions, invitent à considérer de façon globale, à l'échelle de la planète et de toutes les cultures, lesdits phénomènes, situation donc qui ne peut s'entendre que dans le contexte de notre civilisation de la communication, de notre ère du numérique. En l'an 100, 1000 ou même 1700, il eût encore été impossible de voir ou d'entendre pratiquement en temps réel ce qui se passait à l'autre bout du monde, ce que l'on peut désormais faire en quelques heures. Ainsi, c'est autant, si ce n'est plus, dans la situation de notre capacité d'apprécier les faits que dans l'existence des faits eux-mêmes que s'appuie la prophétie et où réside alors ce moment déterminant.

Il faut aussi remarquer que le texte ne fait aucunement référence à des marqueurs potentiels du développement de la connaissance humaine qui pourraient eux aussi, dans la conjugaison culturelle du moment tout autant que les guerres ou les catastrophes géophysiques, signifier ledit moment, ce qui pourrait avoir pour conséquence au final, dans l'analyse de la situation, de fausser notre jugement et de conduire à *jeter le bébé* (c'est-à-dire notre modernité) *avec l'eau du bain* (ici : le « régime » de la valeur). Cette précaution prise, la spécificité du moment ne se révèle que par ce qui caractérise sans équivoque notre développement, soit non pas le fait de pouvoir constater prioritairement la singularité (subjective) des phénomènes (naturels ou consécutifs à notre culture, à notre développement), mais notre capacité de tous les constater quelles que soient leur nature, leur localisation, etc.

C'est dans le principe de la valeur et sa conjugaison que s'aliène l'humanité, c'est dans la valeur qui fragmente artificiellement le monde que réside l'« esprit » de Satan[107], plus encore que dans la mimésis d'appropriation[108] (et bien sûr, en même temps, dans tout ce qui s'oppose à la révélation de ces faits).

La valeur précipite toujours (au sens chimique du terme) pour sans cesse créer plus de valeur. C'est sur cette polarisation que se cristallise le signifiant et que rebondit le désir, c'est ici que l'esprit qui a perdu la Transcendance (ou l'esprit qui ne l'a pas encore trouvée) se rassure sur sa question d'être, sur sa finitude mortelle et sur son angoisse existentielle, et ainsi tente de combler (d'une façon même certainement inconsciente) son manque d'être, tente de combler son néant. Le « régime » de la valeur ne naît que du « néant » (par opposition) et se substitue à la Transcendance...

---

107 Satan est encore appelé « le tentateur ». Serions-nous tentés par quelque chose qui soit sans valeur ? L'essence du sujet se confond avec son expression...

108 « *Le Satan des Évangiles synoptiques et le diable de l'Évangile de Jean signifient le mimétisme conflictuel, mécanisme victimaire compris. Il peut s'agir soit du processus tout entier soit d'un seul de ses moments.* », René GIRARD, *Je vois Satan tomber comme l'éclair*, Éd. Grasset, 1999, p. 76.

C'est encore la projection de valeur qui corrompt la mimésis d'apprentissage (pacifique[109]) en mimésis d'appropriation (conflictuelle). La projection de valeur se greffe sur le désir et l'exacerbe, le désir est mimétique, cette « structure » valeur/désir conduit toujours socialement à la crise victimaire… qui est à la source de nos cultures (*cf.* René Girard).

La valeur crée et organise les différences pour, ensuite, mieux les abolir une fois atteint le paroxysme d'une violence indifférenciée des désirs exaspérés, mais rien n'est plus intolérable et contre nature pour ce « régime » qu'une situation indifférenciée. Ainsi, au sein de la crise mimétique d'une communauté, c'est cette violence (uniforme) qu'il faut évacuer et, la moindre différence, dans la communauté troublée, débouche sur la résolution sacrificielle, le meurtre, le *pharmacos*, l'exclusion… De même, en dehors de la crise mimétique, un monde d'égaux ne peut être que temporaire, la moindre différence pouvant devenir le signe d'une valeur que les désirs s'approprient… « Mieux », c'est la différence à tout prix qui est recherchée (une mode en chasse une autre) pour rétablir un ordre où chacun se positionne[110], se distingue de préférence avec plus de valeur que son contemporain… même si, en dernier lieu, cette situation fait le jeu de la violence. Dans ce contexte, ce dernier point est capital pour comprendre le paradoxe de la dynamique finalement négative qui émerge d'une situation égalitaire qu'on pourrait croire juste et, donc, pérenne.

Il n'y a pas de régime social, différencié comme égalitaire, qui soit stable sous le « régime » de la valeur, il ne peut y avoir qu'alternance des régimes, ponctuée par des crises de plus en plus homicides. Il n'y a pas non plus de compromis possible, comme déjà évoqué (*supra* p. 72) :

> […] *du don dénaturé (calculé, valorisé dans les protocoles) jusqu'au capital (avec son fétichisme de l'unité valeur : monnaie, indices*

---

109 Le mécanisme mimétique en tant que moteur d'apprentissage ne projette pas d'autres bénéfices que celui d'intégrer la communauté, de faire comme les autres pour être avec les autres.

110 « *Le mouvement vers l'égalité des conditions, vers toujours plus d'indifférenciation, n'engendre donc pas l'harmonie promise, mais une concurrence acharnée.* », Christine ORSINI, *La Pensée de René Girard*, Éd. Retz, 1986, p. 35.

boursiers, etc.), en passant par le troc, ce n'est qu'une question de temps[111].

Dès son origine, dès son actualisation, le « régime » de la valeur investit peu à peu tout le champ du créé : les choses, le vivant, l'homme et la femme, les cultures et les services. C'est d'abord sous l'expression d'unités de compte (objets, animaux, etc.) qu'il cristallise, notamment dans les processus sacrificiels comme forme de « *commerce* » avec le divin (ou comme médiation avec les morts) ; puis, chemin faisant, il s'officialise formellement par l'intermédiaire d'un référent artificiel, mais tangible : la monnaie. Primitivement utilisée comme précipité pur de valeur, gage de la relation[112], la monnaie matérialise ensuite la valeur subjective des choses, en tant que médium régulateur des échanges, pour devenir enfin un référent unique et Universel, objet à son tour du désir.

En dernier lieu, le « régime » de la valeur parasite et dénature notre modernité (science et production de biens) pour mettre celle-ci à son service pour produire ainsi toujours plus de valeur. Le « régime » de la valeur confisque à la modernité les moyens d'anticiper sur son développement et sur ses risques, lui confisque les moyens de gérer le cycle complet de toute production, qui doit aller jusqu'au recyclage parfait de ce qui est produit. Ce qui implique, en définitive, de produire à la condition que cette production soit « transparente » pour le milieu (du moins, que le recyclage de ce qui est créé soit compatible avec le pouvoir naturel d'absorption de son milieu d'expression, soit qu'au fil du temps il n'y ait pas de bilan différentiel résiduel croissant entre une production et son traitement quel qu'il soit) et, si cette condition ne peut être anticipée et respectée, de s'abstenir. Le « regime » de la valeur induit tous les effets de bord reprochés à notre développement[113]. Ainsi, cette modernité produit une pollution qu'elle

---

[111] C'est de ce temps-là qu'il est question dans l'appel à la vigilance de l'annonce des événements précurseurs du Royaume : « *Quant à la date de ce jour, et à l'heure, personne ne les connaît, ni les anges des cieux, ni le Fils, personne que le Père, seul* », Matthieu **24**, 36.

[112] Philippe Rospabé, *op. cit.*

[113] Sur ces questions d'une gestion sacrifiée et ses conséquences, qui produisent les non-sens de la modernité industrielle décriée, voir notamment les ouvrages de Jean-Pierre Dupuy, *Pour un catastrophisme éclairé – Quand l'impossible est certain*, Éd. Seuil, 2002 ; de

n'a pas les moyens de gérer. La boulimie intrinsèque de la valeur multiplie les processus concurrentiels qui sacrifient sur l'autel du rendement, suivant des cycles toujours plus courts, tout ce qui s'oppose à sa croissance (l'écologie, le respect de la biodiversité, la santé des hommes…), le régime de la valeur s'infiltre dans l'activité humaine jusqu'à corrompre l'éthique (marchandisation de la vie : la médecine, la génétique, les capacités humaines elles-mêmes – transhumanisme –, deviennent sources de profits et se développent pour cela). Les relations humaines sont par là même piégées, entravées : gagner (le marché) ou perdre (le marché), innover et produire *à tout prix*, satisfaire le principe pour en vivre ou être réduit à la misère…, cela, comme déjà souligné, dans un emballement de plus en plus effréné produit par la concurrence induite par la nécessité de disposer justement, en premier, de cette valeur ; seule garantie obligée de subsistance dans ce régime (d'où, ici, l'accélération aujourd'hui constatée de tous les processus humains : innovation, production, rentabilité, etc.).

La recherche de cette croissance coûte que coûte pousse jusqu'à produire ce qui, à plus ou moins long terme, va à l'encontre de l'équilibre même de l'homme et de la planète, dans un gâchis d'énergie et de pollution (le futile, la non-qualité, l'obsolescence programmée, etc.), n'hésitant pas à rationaliser cette « débauche » par la création de nouveaux besoins.

La valeur « libérée » est mensonge, la valeur « libérée » est son propre mensonge[114], puits sans fond, « […] *Satan expulse Satan* […] *dès lors, comment son royaume se maintiendra-t-il ?*[115] »…[116]

Hans JONAS, *Le principe responsabilité*, Éd. Cerf, 1990 (trad. française) ; et d'Ivan ILLICH, *Énergie et Équité*, Éd. Seuil, 1973.

114 « *Pourquoi ne reconnaissez-vous pas mon langage ? C'est que vous ne pouvez pas entendre ma parole. Vous êtes du diable, votre père, et ce sont les désirs de votre père que vous voulez accomplir. Il était homicide dès le commencement et n'était pas établi dans la vérité, parce qu'il n'y a pas de vérité en lui : quand il profère le mensonge, il parle de son propre fonds, parce qu'il est menteur et père du mensonge.* », Jean **8**, 43-44.

115 Matthieu **12**, 26.

116 Bien sûr, par « libérée », il faut entendre « actualisée » par l'autonomie que prend l'Humanité (soit la transposition d'une information du périmètre potentiel au périmètre signifiant – voir *supra* le développement sur l'« Espace » d'information). Une analogie curieuse s'impose ici : Satan est l'ange déchu… Qui dit *déchu* dit *exclu,* avec, en même temps, la perte de

L'Amour ordonne le monde par union et pardon.
La valeur, non subordonnée à la Déité,
le désintègre par oppositions et jugements[117].

prérogatives. Être déchu, c'est donc changer (aussi) de périmètre d'expression et perdre les relations et les attributs attenants... soit, encore, changer de propriétés (domaine potentiel *versus* domaine actualisé...). Par ailleurs, l'Ange n'est-il pas un messager, soit le support de l'« information » ? N'avons-nous pas fait l'hypothèse que tout n'était qu'« information », qu'au final l'« information » est son propre messager... ? Satan, l'ange déchu... ou le *process* de valorisation qui change de phase..., qui passe de l'état potentiel à l'existant. Satan, encore dénommé *Lucifer*, « celui qui apporte la lumière »..., qui éclaire les choses d'une façon particulière... qui les valorise et les hiérarchise artificiellement. Du point de vue mythologique, c'est encore à l'origine le plus beau, le plus puissant, le plus..., le plus... des anges. Ce qui porte le « régime » de la valeur ne peut s'exprimer, se définir qu'avec les superlatifs qu'engage ce régime...

117 Faut-il rappeler que, nulle part dans la Genèse, il n'a été proposé d'ordonner subjectivement le monde ? Le monde a été donné en bloc pour seulement que nous nous en saisissions, que nous nous l'appropriions par dénomination de ses constituants : « *Yahvé Dieu modela encore du sol toutes les bêtes sauvages et tous les oiseaux du ciel, et il les amena à l'homme pour voir comment celui-ci les appellerait* [...] », Genèse **2**, 19.

On peut encore souligner que le processus évoqué est aussi une division, et que cette division est déjà portée par un autre nom du « phénomène », précédemment qualifié à la note de bas de page n° 116, p. 80 : le Diable, du grec *diábolos* (*διάβολος*), issu du verbe *diabállô* (*διαβάλλω*), qui signifie « celui qui divise ». .

En dernier lieu, c'est toujours le « régime » de la valeur et sa conjugaison que cherche à combattre l'Écriture biblique, dans l'effort constant, de la Genèse aux Évangiles, de s'extraire toujours plus du mode de pensée induit par ce principe.

Ainsi, dès son début, le texte de la Genèse s'efforce de désamorcer l'acte qui tenterait de hiérarchiser le créé. Par cinq fois, à chaque étape de la Création, le récit précise que celle-ci est bonne sans subjectivité relative à sa pluralité :

> « *Dieu appela le continent "terre" et la masse des eaux "mers", et Dieu vit que cela était bon* [...] *La terre produisit de la verdure : des herbes portant semence selon leur espèce, des arbres donnant selon leur espèce des fruits contenant leur semence, et Dieu vit que cela était bon* [...] *Dieu fit les deux luminaires majeurs* [...] *Dieu les plaça au firmament du ciel pour éclairer la terre, pour commander au jour et à la nuit, pour séparer la lumière et les ténèbres, et Dieu vit que cela était bon* [...] *Dieu créa les grands serpents de mer et tous les êtres vivants qui glissent et qui grouillent dans les eaux selon leur espèce, et toute la gent ailée selon son espèce, et Dieu vit que cela était bon* [...] *Dieu fit les bêtes sauvages selon leur espèce, les*

bestiaux selon leur espèce et toutes les bestioles du sol selon leur espèce, et Dieu vit que cela était bon.[118] »

Enfin le récit, à la fin du sixième jour de la Création, surenchérit :

« *Dieu vit tout ce qu'il avait fait : cela était très bon. Il y eut un soir et il y eut un matin : sixième jour.*[119] »

C'est aussi le livre de l'Exode qui, dans le passage particulier du « veau d'or » où Moïse reçoit la Loi sur le mont Sinaï, condamne l'expression de ce principe et qui dénonce symboliquement la faute du peuple hébreu libéré de conjuguer le « régime » de la valeur dans l'attente justement du retour de Moïse – cela doublement, tant suivant la dynamique idolâtrique de ce « régime », dans une recherche et une représentation manifeste de la divinité (fétichisme du veau et son précipité de grandeur « magique »), que suivant sa propension à qualifier, à caractériser ou à représenter les choses et le monde, et à en fonder et à en transformer l'intérêt au travers de propriétés ou d'attributs délibérés qui les singularisent et les hiérarchisent subjectivement, arbitrairement (l'or) :

« *Quand le peuple vit que Moïse tardait à descendre de la montagne, le peuple s'assembla auprès d'Aaron et lui dit : "Allons, fais-nous un dieu qui aille devant nous, car ce Moïse, l'homme qui nous a fait monter du pays d'Égypte, nous ne savons pas ce qui lui est arrivé." Aaron leur répondit : "Ôtez les anneaux d'or qui sont aux oreilles de vos femmes, de vos fils et de vos filles et apportez-les-moi." Tout le peuple ôta les anneaux d'or qui étaient à leurs oreilles et ils les apportèrent à Aaron. Il reçut l'or de leurs mains, le fit fondre dans un moule et en fit une statue de veau ; alors ils dirent : "Voici ton Dieu, Israël, celui qui t'a fait monter du pays d'Égypte."* [...] *Yahvé dit alors à Moïse : "Allons ! Descends, car ton peuple que tu as fait*

---

[118] Genèse **1**, 10-25.

[119] Genèse **1**, 31.

monter du pays d'Égypte s'est perverti." [...] Moïse se retourna et descendit de la montagne avec, en main, les deux tables du Témoignage, tables écrites des deux côtés, écrites sur l'une et l'autre face. Les tables étaient l'œuvre de Dieu et l'écriture était celle de Dieu, gravée sur les tables [...] *Et voici qu'en approchant du camp il aperçut le veau et des chœurs de danse. Moïse s'enflamma de colère ; il jeta de sa main les tables et les brisa au pied de la montagne.*[120] »

Cette préoccupation s'exprime ensuite relativement à toutes les formes par lesquelles le « régime » de la valeur se manifeste. À défaut d'identifier ce principe, tout au moins de pouvoir le dénoncer directement, compte tenu d'une réception impossible, ce sont toutes les situations de sa manifestation et de ses effets que condamne l'Exode, comme le fera ensuite, notamment, le texte évangélique – en tentant de stopper la mimésis acquisitive, ou encore en dénonçant la précipitation de la valeur (richesse, thésaurisation, idoles) ou son institution formelle dans le médium de la monnaie[121] :

« *Tu ne te feras aucune image sculptée, rien qui ressemble à ce qui est dans les cieux, là-haut, ou sur la terre, ici-bas, ou dans les eaux, au-dessous de la terre.*[122] »

---

[120] Exode **32**, 1-19.

[121] Si les Évangiles semblent encore contenir les relations humaines uniquement dans la prescription de faire ou de ne pas faire, sans ouvrir à la compréhension du fondement même des situations dont ils cherchent à nous préserver, c'est simplement que l'audience du moment n'a pas encore la maturité pour recevoir cette information. La révélation en question resterait inaudible (la communauté humaine commencera d'obtenir lentement cette maturité suivant la connaissance induite par la dynamique du texte, qui privera les hommes du « bénéfice » de leur violence, en révélant la non-culpabilité des victimes – sur cette lente prise en compte, voir le titre même de l'ouvrage de René Girard : *Des choses cachées depuis la fondation du monde*, *op. cit.*, ouvrage publié pratiquement deux millénaires après les événements que les Évangiles rapportent...).

En conclusion des éléments développés jusqu'ici, ce n'est pas tant, finalement, d'être dépossédé des choses qui est important, c'est de rendre inopérant le système de valeur subjective qui s'y greffe et qui les met en concurrence. Mais, aussi longtemps que la racine du mal reste non identifiable, la seule façon d'essayer d'enrayer le « régime » de la valeur et ses méfaits, du moins de réguler le phénomène, c'est justement de faire abstinence par « décrets », et non d'escompter, en ce lieu, un contrôle par raison, en espérant que cette abstinence se propage par mimétisme.

[122] Exode **20**, 4.

« *Tu ne convoiteras pas la maison de ton prochain. Tu ne convoiteras pas la femme de ton prochain, ni son serviteur, ni sa servante, ni son bœuf, ni son âne, rien de ce qui est à ton prochain.*[123] »

Et le texte évangélique n'est pas moins disant :

« [...] *à qui t'enlève ton manteau, ne refuse pas ta tunique. À quiconque te demande, donne, et à qui t'enlève ton bien ne le réclame pas.*[124] »

« [...] *Si tu veux être parfait, va, vends ce que tu possèdes et donne-le aux pauvres, et tu auras un trésor dans les cieux*[125] *; puis viens, suis-moi.*[126] »

« [...] *il est plus facile à un chameau de passer par un trou d'aiguille qu'à un riche d'entrer dans le Royaume des Cieux.*[127] »

« *Nul ne peut servir deux maîtres : ou il haïra l'un et aimera l'autre, ou il s'attachera à l'un et méprisera l'autre. Vous ne pouvez servir Dieu et l'Argent.*[128] »

---

123 Exode **20**, 17.

124 Luc **6**, 29-30.

125 Les Cieux sont toujours une projection souhaitée de l'avenir. Ils définissent notamment la perfection sociétale en l'état de potentialité que les Évangiles cherchent à actualiser d'abord suivant des règles de conduite (*cf.* notes de bas de page n° 42, p. 31 et n° 121, p. 85). L'objectif est toujours de faire « descendre » les Cieux sur la Terre (phénomène d'actualisation). Au terme de ce processus, la Jérusalem céleste symbolise cette transition : « *Puis je vis un ciel nouveau, une terre nouvelle* [...] *Et je vis la Cité sainte, Jérusalem nouvelle, qui descendait du ciel* [...] », Apocalypse **21,** 1-2.

126 Matthieu **19**, 21.

127 *Ibid.*, **19**, 24

128 *Ibid.*, **6**, 24.

En dernier lieu, la Bible appelle à instituer des relations humaines sans régime de valeur fiduciaire, à pratiquer le don (en tant que relation non calculée) :

> « [...] *Vous avez reçu gratuitement, donnez gratuitement. Ne vous procurez ni or, ni argent, ni menue monnaie pour vos ceintures*[129] ».

> « *Donnez, et l'on vous donnera ; c'est une bonne mesure, tassée, secouée, débordante, qu'on versera dans votre sein* [...][130] ».

---

[129] *Ibid.*, **10**, 8-9.

[130] Luc **6**, 38.

Vient maintenant le moment de tenter de comprendre comment pourrait s'exprimer ou bien un monde débarrassé du « régime » de la valeur, ou bien, *a minima,* un monde dans lequel la dynamique de ce principe serait inopérante.

Il faut d'abord préciser qu'il n'est pas question de penser supprimer la notion de valeur des choses, soit qu'elles n'aient plus de valeur, mais de leur conférer uniquement une valeur objective maximale (relativement à leur fonction, pour ce qu'elles sont, leur valeur en soi) qui les place toutes au même niveau, sans considération hiérarchique, conformément aux prescriptions divines, dans le respect de son expression, dans le respect de la Création. Peut-être serait-il plus conforme de parler désormais de l'importance des choses en raison de leur participation obligée au fonctionnement du monde, quelle que soit cette participation.

L'enjeu est de supprimer la force de la valeur subjective qui détourne le désir, qui hiérarchise arbitrairement le monde, toute chose matérielle comme immatérielle, qui précipite inexorablement pour son propre succès et qui dénature notre rapport à l'Autre, au monde, à l'Absolu.

Si *Homo habilis*, en ce qu'il représente notre nature originelle, par voie de maturité en devenir, ne pouvait que faire l'expérience de ce

« régime » de la valeur[131] sans moyen d'en juger, la connaissance de l'origine du mal qui altère notre condition nous enjoint de prendre le contrôle de cet état de fait.

Il nous faut revenir à quelques considérations sur le désir, car c'est au travers du désir et de son mimétisme qu'opère la dynamique aliénante du « régime » de la valeur.

Il convient aussi de signaler qu'il n'est pas ici question d'envisager (serait-ce possible ?) la suppression du désir, moteur indispensable au développement humain. Le désir est avant tout un désir d'être qui s'exprime naturellement et légitimement (les adverbes sont importants…) dans un mieux-être[132]. C'est sur le point d'ancrage que constitue la notion de valeur déjà dénoncée qu'il nous faut raisonner (soit : il nous faut détourner le désir de se fixer en ce lieu).

La seule façon d'éliminer la violence du désir mimétique, c'est de faire en sorte que l'Autre, mon contemporain (le médiateur), ne soit plus l'obstacle à l'accès au monde (aux objets dont il tient ou pourrait tenir, suivant une projection personnelle, son supplément d'être), mais qu'il soit la condition de cet accès ; à savoir que le supplément d'être recherché soit moins dans les objets que dans la relation à l'Autre qui me désigne et me donne ces objets, ou par qui je peux les obtenir. C'est

---

131 « *Le péché originel est l'essentielle réaction du fini à l'acte créateur. Inévitablement, à la faveur de toute création, il se glisse dans l'existence. Il est l'*envers *de toute création. Par le fait même que Dieu crée, il s'engage à lutter contre du mal, et donc, d'une façon ou d'une autre, à racheter. – La Chute proprement humaine n'est que l'actuation (plus ou moins collective et pérenne), dans notre race, de cette "*fomes peccati**" qui était infuse, bien avant nous, dans tout l'Univers* […] », Pierre TEILHARD de CHARDIN, *Comment je crois*, *op. cit.*, p. 53, 54.

* « Aliment du péché. »

On reconnaîtra dans « *fomes peccati* » la part latente du mal qui se définit dans la complétude (théodicée) de l'Absolu et que, par voie de finitude et d'accomplissement, le créé met en œuvre (voir ce qui a été dit sur l'actualisation de l'« Espace » informationnel…).

132 « *Si nos désirs n'étaient pas mimétiques, ils seraient à jamais fixés sur des objets prédéterminés, ils seraient une forme particulière d'instinct. Les hommes ne pourraient pas plus changer de désir que les vaches dans un pré. Sans désir mimétique il n'y aurait ni liberté ni humanité. Le désir mimétique est intrinsèquement bon* […] *La seule culture vraiment nôtre n'est pas celle où nous sommes nés, c'est la culture dont nous imitons les modèles à l'âge où notre puissance d'assimilation mimétique est la plus grande. Si leur désir n'était pas mimétique, si les enfants ne choisissaient pas pour modèles, forcément, les êtres humains qui les entourent, l'humanité n'aurait ni langage ni culture. Si le désir n'était pas mimétique, nous ne serions ouverts ni à l'humain ni au divin.* », René GIRARD, *Je vois Satan tomber comme l'éclair*, *op. cit.*, p. 35, 36.

dans la dépendance à l'Autre que se dessine et se maintient la distance (condition de la relation). C'est dans la dépendance à l'Autre (au contraire de son « absorption », qui est sa négation et qui détruit la relation) que réside, d'une part, forcément la suppression de ce qui nous oppose et que, d'autre part, peut être obtenue la complétude recherchée. C'est dans la réciprocité de cette dépendance où chacun concourt à l'accomplissement de l'Autre que naît aussi la fusion, creuset où les besoins exprimés des uns motivent le désir des autres de réaliser ces besoins. C'est dans cette communion opérée par la relation que réside définitivement le supplément d'être recherché. Toutefois, pour que ce supplément d'être soit définitivement détaché de l'objet, qu'il ne soit plus porté par l'objet, il est nécessaire de « confisquer » la valeur subjective de l'objet au bénéfice uniquement de sa valeur objective, soit de prioriser au final le besoin. Il n'y a pas d'autres solutions que de remettre cette valeur subjective toujours à zéro, c'est dire qu'il ne faut plus maintenir un référentiel subjectif externe et qu'il faut refuser de modéliser, de synthétiser, de fixer cette valeur suivant un support autonome (monnaie ou unité de valeur) et qu'il faut encore supprimer l'échelle qui hiérarchise arbitrairement les choses entre elles.

C'est ici, dans cette situation sans valorisation des choses entre elles, étendue aux êtres humains pour ne pas maintenir en dernier lieu une échelle de valeur entre les hommes (ce qu'a toujours fait ce « régime » de la valeur dans une rétribution hiérarchisée) – soit une situation où est instituée une relation du don des biens et des services –, que le monde peut être égalitaire et qu'il doit l'être compte tenu de l'avertissement.

Suivant ce contexte, c'est toujours la relation aux autres qui est privilégiée et c'est la réciprocité de cette situation qui offre à chacun le monde d'une façon inespérée. Le supplément d'être se trouve démultiplié à la potentialité infinie des relations qui s'ouvrent et qui en même temps sont en mesure de combler des besoins excédant le « raisonnable[133] ». C'est maintenant dans ce rapport que l'Autre, en

133 *« Vous non plus, ne cherchez pas ce que vous mangerez et ce que vous boirez ; ne vous tourmentez pas. Car ce sont là toutes choses dont les païens de ce monde sont en quête ; mais*

tant que relais d'accès au monde (qui cette fois n'est plus obstacle), confisque la valeur subjective du monde, c'est enfin suivant ce niveau de relation que s'illumine alors la Transcendance perdue, ou plutôt jamais atteinte.

C'est aussi, d'une certaine manière, dans l'infinie disponibilité des choses que s'éteint le désir d'appropriation des choses. C'est encore ici que le désir peut se déplacer, recherchant dès lors le mieux-être dans le faire (la création, la perfection, l'esthétique, la relation), soit, finalement, dans l'être plutôt que dans l'avoir.

C'est par la connaissance des méfaits de ce « régime » de la valeur que nous pouvons, que nous devons progresser (au contraire de ce qui a pu être un moment soupçonné de pouvoir résoudre cette problématique du désir d'appropriation soit en y renonçant[134] par la connaissance de son caractère mimétique[135], soit purement par abstinence[136], en renonçant aux choses).

Quelle est la première règle relationnelle, et peut-être, d'ailleurs, la seule Loi que donne la Bible concernant les rapports humains ?

« *Tu aimeras ton prochain comme toi-même.*[137] »

---

votre Père sait que vous en avez besoin. Aussi bien, cherchez son Royaume, et cela vous sera donné par surcroît. », Luc **12**, 29-31.

134 « *Comme le remarque très justement Charles Ramond*[*], *il aurait fallu à René Girard, afin de stopper la violence, renoncer non pas à la médiation interne et à ses processus, mais au désir lui-même, puisque nous ne pouvons réellement distinguer un bon désir de la médiation externe d'un mauvais désir de la médiation interne.* », Stéphane VINOLO, *René Girard : Du mimétisme à l'hominisation*, Éd. L'Harmattan, 2005, p. 31. Ce que n'imaginait certainement pas René Girard (*cf.* note de bas de page n° 132, p. 90).

* Charles RAMOND, *Le Vocabulaire de René Girard*, Éd. Ellipses, 2005, p. 53.

135 « *Le pouvoir d'attraction principal du médiateur vient de notre ignorance des processus mimétiques. René Girard croit que, si nous savions, ce pouvoir disparaîtrait probablement.* », Stéphane VINOLO, *ibid.*, p. 55.

136 D'une manière générale, l'ascèse (dans sa dimension privative), sans l'éradication du « régime » de la valeur au cœur des relations humaines, ne peut d'une part contenir durablement ce qu'elle bâillonne, et, d'autre part, en se refusant les choses d'une façon dogmatique, au final, sclérose globalement notre rapport au monde et prive l'humain de son rapport primordial qu'est la relation (particulièrement dans le don) dans une abnégation unilatérale (aliénation).

137 Matthieu **22**, 39.

Qu'implique, au-delà du pur sentiment, ce commandement dans la relation ?

Il faut tout d'abord remarquer qu'il n'est pas écrit « *Tu aimeras ton prochain autant que toi-même* », ni même « *Tu aimeras ton prochain comme tu t'aimes* » ; « *comme toi-même* » implique la fusion, soit : non pas tu créeras autant de relations vers l'Autre que tu en créeras qui convergent vers toi, mais toutes les relations que tu souhaites développer pour ton équilibre, tu les développeras dans le souci de l'équilibre de l'Autre[138]. Ce commandement vaut pour tous, le mieux-être des Autres devient ainsi le mieux-être de chacun[139], dans cette relation du don réciproque, ce n'est plus alors l'individu qui ramène le monde sur lui (suivant une certaine opposition, à proportion d'un bénéfice encadré par les limites de ses propriétés, moyens personnels ou encore les propriétés, moyens qui lui ont été assignés conformément au système établi), mais c'est potentiellement le monde qui se donne à l'individu (suivant un « bénéfice » qui laisse sans commentaire...).

D'aucuns pensent à l'utopie, à un modèle social impensable, injuste, sans contrainte et livré à l'excès du fait de n'être régulé par aucun médium et par conséquent non pérenne.

---

138 « *Ainsi tout ce que vous voulez que les hommes fassent pour vous, faites-le vous-mêmes pour eux : voilà la Loi et les Prophètes.* », Matthieu **7**, 12.

139 En considérant, suivant ce qui a été développé, que l'objet doit subsister sans valeur subjective (donc sans intérêt artificiel) :

« *Comment l'Amour va-t-il permettre aux hommes d'échapper au cercle fermé de la mimésis acquisitive ? À cette question critique à laquelle mène inévitablement son œuvre, Girard offre une autre réponse, mais celle-là, il ne l'explicite jamais. Elle est cependant tellement implicite à sa démarche que je ne crois pas le trahir en la formulant. Il y a un cas et un seul où la mimésis acquisitive est incapable d'enchaîner les hommes les uns aux autres, c'est lorsqu'ils n'ont plus rien à se désigner de désirable, c'est lorsque entre eux il n'y a plus aucun objet. Tant qu'il existe un* intérêt *pour les choses de ce monde, cet intérêt, comme le mot l'indique* (inter-est)*, ne peut que séparer les hommes dans le même temps où il les rassemble. C'est le mouvement paradoxal de la mimésis acquisitive : elle divise dans l'instant même où elle unit. Pour la priver définitivement de tout aliment, pour l'empêcher à jamais de réamorcer le cycle divergent de la violence, il n'y a en vérité qu'une solution : l'amour-fusion. Si je suis l'*Autre*, ses victoires seront toujours mes victoires et jamais mes défaites. Le paradoxe irréductible que constitue la distance qui me sépare de l'Autre – et qui, selon Girard, gagne en intensité à mesure que cette distance se réduit – disparaît subitement lorsqu'elle s'annule.* », Paul DUMOUCHEL, Jean-Pierre DUPUY, *L'Enfer des choses : René Girard et la logique de l'économie*, Éd. Seuil, 1979, p. 123.

Mais il existe une contrainte qui régule impérativement les relations humaines et qui impose de consommer le monde selon les stricts besoins de l'homme, et selon ce que la Terre peut produire : la nécessité de respecter sa pérennité (non seulement d'être dans ce que nous appelons désormais un « développement durable » pour toutes choses, mais également d'être dans une consommation durable), soit finalement cette responsabilité de garantir aux générations qui suivent la Vérité du monde recouvrée... Responsabilité qui va de soi, dans l'amour du prochain (au plus proche nos enfants...), mais peut-on alors encore vraiment parler de « responsabilité » au sens d'une attention qui n'est plus une contrainte, mais seulement l'expression d'une « préoccupation »[140] légitime et naturelle ?

C'est aussi dans la pleine compréhension des mécanismes du mal et du mal lui-même que la Loi prend toute sa puissance avec une efficience et une acceptation sans ombre, comme une évidence.

Ainsi, le monde de « demain » ne devrait plus être fondé, organisé suivant la valeur subjective des choses et des Êtres, mais établi sur une réciprocité soutenue[141], gratuite, volontaire et individuellement désintéressée[142], ... responsable.

---

140 Se rappeler : « *Nous n'héritons pas de la terre de nos ancêtres, nous l'empruntons à nos enfants.* », adage ancestrale de source probablement amérindienne (faussement attribuée à Antoine de Saint-Exupéry).

141 Au sens d'*obligée*, condition nécessaire pour que cette nouvelle « économie » soit pérenne, « *Donnez, et l'on vous donnera* [...]* ». Sur cet aspect, Vincent Laupies commente la parabole des talents** pour conclure en toute logique que, pour autant qu'un acte soit gratuit, il doit y avoir de la part du monde qui le reçoit une contrepartie, quand bien même ce retour ne doit pas être mesuré, hiérarchisé ni même promis ou annoncé. Suivant la parabole des talents, l'acte ne doit pas rester orphelin :

> « *Recevoir le don ne signifie pas simplement l'accepter mais lui faire honneur en laissant sa fécondité se déployer. Empêcher la circulation du don est considéré comme une faute grave. Le don doit non seulement être reçu mais déployé.* », *in* Vincent LAUPIES, « La Complexité évangélique du don », *Au commencement était la relation... Mais après ?*, Éd. La Découverte / Revue du MAUSS n° 47, 2016, p. 205.

* Luc **6**, 38.
Matthieu **25, 14-30.

142 « *Le contre-don fait partie de la relation de don et relance sa dynamique, mais il ne peut constituer un but qui subsumerait toutes les motivations du don.* », Vincent LAUPIES, *ibid.*, p. 206.

En conclusion, il faut relire le passage des Évangiles intitulé « *Les ouvriers de la onzième heure* »[143], où Jésus parle en « parabole » du Royaume de Dieu :

> « *Car il en va du Royaume des Cieux comme d'un propriétaire qui sortit au point du jour afin d'embaucher des ouvriers pour sa vigne. Il convint avec les ouvriers d'un denier pour la journée et les envoya à sa vigne. Sorti vers la troisième heure, il en vit d'autres qui se tenaient, désœuvrés, sur la place, et à ceux-là il dit : "Allez, vous aussi, à la vigne, et je vous donnerai un salaire équitable." Et ils y allèrent. Sorti de nouveau vers la sixième heure, puis vers la neuvième heure, il fit de même. Vers la onzième heure, il sortit encore, en trouva d'autres qui se tenaient là et leur dit : "Pourquoi restez-vous ici tout le jour sans travailler ?" – "C'est que, lui disent-ils, personne ne nous a embauchés". Il leur dit : "Allez, vous aussi, à la vigne." Le soir venu, le maître de la vigne dit à son intendant : "Appelle les ouvriers et remets à chacun son salaire, en remontant des derniers aux premiers." Ceux de la onzième heure vinrent donc et touchèrent un denier chacun. Les premiers, venant à leur tour, pensèrent qu'ils allaient toucher davantage ; mais c'est un denier chacun qu'ils touchèrent, eux aussi. Tout en le recevant, ils murmuraient contre le propriétaire : "Ces derniers venus n'ont fait qu'une heure, et tu les as traités comme nous, qui avons porté le fardeau de la journée, avec sa chaleur." Alors il répliqua en disant à l'un d'eux : "Mon ami, je ne te lèse en rien : n'est-ce pas d'un denier que nous sommes convenus ? Prends ce qui te revient et va-t'en. Il me plaît de donner à ce dernier venu autant qu'à toi : n'ai-je pas le droit de disposer de mes biens comme il me plaît ? Ou faut-il que tu sois jaloux parce que je suis bon ?" Voilà comment les derniers seront premiers, et les premiers seront derniers.*[144] »

---

[143] Matthieu **20**, 1-16.

[144] Si le texte fait encore ici mention de *rétribution*, c'est symboliquement pour exprimer que les relations humaines s'inscrivent nécessairement dans une économie objective des besoins, donc

Si les Évangiles ont une dimension anthropologique[145], ils ont en dernier lieu une dimension économique, au sens qu'ils tentent de réguler les rapports humains suivant d'autres fondements que ceux qui les ont « naturellement » piégés.

Au début est l'information, à la fin est la relation.

---

suivant une dynamique régulée. Il faut, par ailleurs, garder à l'esprit qu'il est question ici d'une parabole, qui doit faire son œuvre dans un contexte toujours sous le joug de la valeur. Le texte prend malgré tout la précaution de commencer le récit par « *Car il en va* [...] *comme* [...] » pour dépasser ce contexte et ouvrir la compréhension à une réalité différente, mais comparable : « *Car il en va du Royaume des Cieux comme* [...] ».

145 « *Les notions de cycle mimétique et de mécanisme victimaire donnent un contenu concret à une idée de Simone Weil selon laquelle, avant même d'être une "théorie de Dieu", une* théologie, *les Évangiles sont une "théorie de l'homme", une* anthropologie. », René GIRARD, *Je vois Satan tomber comme l'éclair*, *op. cit.*, p. 77.

L'humanité fera-t-elle le choix de son asservissement au concept de la valeur et à ses adeptes[146] ? – dans un scénario où le « régime » de la valeur, dans son expression économique, pourrait, plus encore que les Églises persistant à porter le religieux sacrificiel qui se désagrège, accomplir la funeste scène des *Frères Karamazov*[147] où, au XVIe siècle à Séville, à l'époque des bûchers de l'Inquisition, le Grand Inquisiteur, ayant fait prisonnier Jésus revenu sur Terre, lui reproche d'avoir créé l'homme libre, en même temps qu'il fait l'éloge du pro et satanique d'une société servile :

« *Pourquoi donc viens-tu, aujourd'hui, jeter le trouble dans notre vie ? Car tu es venu pour nous troubler, c'est certain, et tu ne l'ignores pas toi-même* [...] *As-tu le droit de nous révéler ne fût-ce qu'un seul des secrets du monde d'où tu viens ?* »

« [...] *As-tu donc oublié que l'homme attache plus de prix à la tranquillité de son âme et même à la mort qu'à la faculté du libre choix dans la connaissance du bien et du mal ?* [...] *Ne prévoyais-tu pas que, ployant sous le terrible fardeau de leur*

146 « *Oui, je vous le répète, il est plus facile à un chameau de passer par un trou d'aiguille qu'à un riche d'entrer dans le Royaume des Cieux.* », Matthieu **19**, 24.

147 Fédor Mikhaïlovitch Dostoïevski, *op. cit.*, tome 1, p. 445-460.

libre arbitre, les hommes en viendraient un jour à rejeter ton image et à mettre en doute ton enseignement ? »

« [...] *Nous saurons les convaincre d'ailleurs qu'ils ne seront libres qu'à partir du moment où ils auront renoncé à faire usage de leur liberté.* [...] *Nous leur permettrons aussi de pécher puisqu'ils sont si faibles, et ils nous aimeront comme des enfants à cause de notre tolérance* [...]. »

Ainsi, le Grand Inquisiteur, convaincu que l'homme ne peut entendre et vivre l'éthique du message évangélique, blâme son prisonnier d'apporter le désordre dans les affaires du monde et se réjouit d'avoir « séquestré » son message de liberté, source des vicissitudes humaines, pour en échange, un jour, suivant l'autorité de son institution, espérer redistribuer équitablement aux hommes le pain de la terre qu'eux-mêmes ne peuvent, de leur propre résolution, se partager sans conflit, pourtant seule ressource qu'ils puissent prétendre atteindre, comme il l'exprime dans les premiers instants de ses critiques :

« [...] *Ils finiront par jeter leur liberté à nos pieds en nous disant : "Asservissez-nous, mais nourrissez-nous".*[148] »

---

[148] Les économies établies sur le « régime » de la valeur – quelle qu'en soit la forme, de l'économie du troc à l'économie du capital, mais plus encore cette dernière – qui dans la valeur subjective des biens et des hommes fondent le seul rapport d'échange envisageable, asservissent et aliènent finalement toutes de cette même manière. Le « régime » de la valeur est un impérialisme universel.

Et c'est bien, suivant cette notion d'asservissement que se distingue le monde de la « chute » du monde nouveau attendu, comme peut le traduire le traité « Berakhot 34b » du Talmud cité par Josy EISENBERG et Armand ABECASSIS, *op. cit.*, p. 25 : « *Rabbi Chemouel, lui, disait : "Il n'y a de différence entre ce monde-ci et les temps messianiques que l'asservissement des peuples."* » (Il faut encore remarquer qu'ainsi, si la rupture ne s'opère pas au niveau de l'essence du monde, la dynamique, qu'induit la suppression du régime de la valeur, engage le monde présent dans un monde transfiguré dans ses relations et fait alors passer l'Homme de son lieu de bannissement (monde présent) au jardin d'Éden (monde futur), pouvant éclairer l'apparente opposition qui s'exprime encore dans le même traité : « *Peut-être diras-tu : "Adam, où était-il ? Dans le jardin. Mais diras-tu que c'est le jardin d'Éden ? Non, car il est écrit : 'Un fleuve sortait de l'Éden, pour arroser le Jardin'*[*]*. Le Jardin est à part, et l'Éden est à part."* », *ibid.*, – soit, suivant cette seconde assertion, que le monde nouveau est aussi radicalement différent).

* Genèse **2**, 10.

« *Les Pharisiens lui ayant demandé quand viendrait le Royaume de Dieu, il leur répondit : "La venue du Royaume de Dieu ne se laisse pas observer, et l'on ne dira pas : 'Voici : il est ici !' ou bien : 'il est là !' Car voici que le Royaume de Dieu est au milieu de vous."* », Luc **17**, 20-21.

L'homme connaît désormais toute son histoire et peut comprendre la souffrance de son enfantement, qui est aussi celle de son Créateur. Ses yeux s'ouvrent aujourd'hui sur le fruit qu'il a consommé pendant des milliers d'années, ce fruit qui l'aliène et qui risque de mettre sa planète, le jardin d'Éden, dans une situation proche d'une destruction sans retour… L'homme est dès lors bien plus près d'Adam, dans sa condition de choix, que ne l'était *Homo habilis*… Il lui appartient désormais de continuer à consommer le fruit de l'arbre défendu en connaissance de cause ou de rejoindre enfin son Créateur[149]… Dans un raccourci vertigineux, il se retrouve dans cet endroit sans hasard, où le temps « s'arrête », dans cet endroit où l'éternité peut prendre naissance et où l'histoire doit prendre fin, au lieu de la fin des temps…

Nous jouons aujourd'hui la conclusion d'une scène transcrite depuis l'origine de la culture hébraïque, une scène consommée depuis des

149 « *Dès lors, il faut que la modernité choisisse ce qui lui est le plus essentiel : son exigence éthique d'égalité, qui débouche sur des principes d'universalisation, ou bien le mode de développement qu'elle s'est donné. On ne peut à la fois vouloir conserver son morceau de gâteau et le manger. Ou bien le monde actuellement développé s'isole, ce qui voudra dire de plus en plus qu'il se protège par des boucliers de toutes sortes contre des agressions que le ressentiment des laissés-pour-compte concevra chaque fois plus cruelles et plus abominables ; ou bien s'invente un autre mode de rapport au monde, à la nature, aux choses et aux êtres, qui aura la propriété de pouvoir être universalisé à l'échelle de l'humanité.* », Jean-Pierre Dupuy, *Pour un catastrophisme éclairé*, *op cit.*, p. 30.

milliers d'années à ceci près que nous le faisons maintenant en toute connaissance de cause.

Le récit de la « Chute » se réalise et prend fin maintenant.

Toute la connaissance est là qui justifie notre maturité, notre responsabilité, notre culpabilité dans le refus de cesser d'adhérer aux principes du mal révélés.

L'arbre de vie est une autre transition de phase prévue par l'Absolu, transition de phase par laquelle s'amorce l'accès à ce que Pierre Teilhard de Chardin a cherché à identifier dans la Noosphère. Cette transition de phase est intrinsèquement *Absolu-ment* incompatible avec la consommation de l'arbre de la connaissance du bien et du mal[150]...

---

[150] Ici une hypothèse purement spéculative, qui ne s'entend que dans la foi et qui dénoue ce qui pourrait encore rester au crédit du mal, que nous ne pourrions résoudre à notre point de conscience (mal physique comme la maladie). Cette transition de phase n'affecte pas uniquement la sociabilité de l'homme mais certainement aussi, dans cette communion parfaite avec son prochain, sa nature même, lui conférant (libérant) alors les attributs qui régleront ce qui pourrait encore (faussement) justifier notre résistance à la conversion (ce que l'Église catholique reconnaît comme miracle est de ce domaine). Il est même inimaginable d'entrevoir ce que pourrait être notre nouvelle nature (ce que soupçonnait aussi René Girard, dans la conclusion de son ouvrage *Des choses cachées depuis la fondation du monde – voir annexe*).

Mais pourquoi ce scénario de « fin » scandaleux plutôt que cette transition offerte ? À cette question s'opposent notre liberté et notre refus d'abandonner le régime de la valeur (revoir également la note de bas de page n° 76, p. 55). Pouvons-nous imaginer la puissance de tels nouveaux attributs ainsi concédés au service mercantile du seul modèle sociétal que nous connaissons ? Il est des attributs qui ne peuvent s'actualiser que dans une néguentropie du créé assurée (*versus* alors un enfer actualisé perpétuel). Il faut comprendre que, dans la condition qui est la nôtre, le bien ne peut jamais être totalement donné*. D'où, bien sûr, les attentes frustrées, voire, dans le scandale engendré, le rejet pur et simple de la Déité.

* « *Puis Yahvé Dieu dit : "Voilà que l'homme est devenu comme l'un de nous, pour connaître le bien et le mal ! Qu'il n'étende pas maintenant la main, ne cueille aussi de l'arbre de vie, n'en mange et ne vive pour toujours ! " Et Yahvé Dieu le renvoya du jardin d'Éden pour cultiver le sol d'où il avait été tiré. Il bannit l'homme et il posta devant le jardin d'Éden les chérubins et la flamme du glaive fulgurant pour garder le chemin de l'arbre de vie.* », Genèse **3**, 22-24.

« *Ainsi de la perspective apocalyptique, si étrangère semble-t-il à cet indéfectible optimiste que fut Teilhard, affirmant tout au long de sa vie* “la certitude inébranlable que l’Univers, considéré dans son ensemble, a) a un but, et b) ne peut ni se tromper de route, ni s’arrêter en chemin[151]*”. J’opposerais volontiers à cela un fait aujourd’hui incontestable : l’humanité a acquis la puissance suffisante pour s’effacer elle-même de la surface de la Terre. Si l’on admet que c’est par elle que l’Univers a commencé à se penser lui-même, et par elle que la liberté a fait son apparition dans le monde, on est fondé à formuler la conjecture suivante, qui est la base de mon “catastrophisme éclairé”*[152] *: le destin de l’humanité est l’autodestruction. Tel est son “péché originel”, qu’il faut saisir non pas en alpha mais en oméga*[153]. »

« *Le péché le plus grave n’est pas le péché initial, c’est plutôt le péché qu’on peut dire final et dont Paul lui-même annonce la venue*[154]. »

---

[151] Pierre TEILHARD de CHARDIN, *Science et Christ*, Éd. Seuil, coll. Œuvres de Teilhard de Chardin, tome IX, 1965, p. 68.

[152] Jean-Pierre DUPUY, *Pour un catastrophisme éclairé*, *op. cit.*

[153] Jean-Pierre DUPUY, « Fabriquer de l’auto-organisation », art. cit., p. 58.

[154] Gustave MARTELET, *Libre réponse à un scandale*, *op. cit.*, p. 80.
Gustave Martelet précise les conditions de cet évènement en note de bas de page de son ouvrage : « *2 Th* ***2****,7 et plus encore peut-être Lc* ***18****,8 : “Le Fils de l’homme quand il reviendra, trouvera-t-il encore la foi ?”* ».
À noter, dans notre contexte, que le mot « péché », de « *péché initial* » est à relativiser de façon similaire à ce qui a déjà été dit à la note de bas de page n° 59, p. 41.

Nous devons maintenant choisir :
rendre inopérant le « régime » dynamique
de la valeur, ou le maintenir et disparaître...

« On s'balade dans l'atmosphère sur une sphère
Une bille une boule un ballon qui tourne en rond
Passant des nuits si sombres à la lumière
Nous voilà ensemble
Unis vers l'uni
Unis vers l'uni
Unis vers l'uni
Unis vers l'uni, unis vers l'uni

Sur ce minuscule grain d'poussière
Sur cet atome cet électron
Sur cette particule élémentaire
Nous voilà ensemble
Unis vers l'uni
Unis vers l'uni
Unis vers l'uni
Unis vers l'uni, unis vers l'uni

Temporairement locataires sur la terre
Émergeant des fonds les plus profonds
Attention à ne pas manquer la nécessaire

Vérité de la transformation
Vérité de la transformation
Vérité de la transformation
Vérité de la transformation

On s'balade dans l'atmosphère sur une sphère
Une belle voyageuse un vagabond
Cellule lancée à travers les airs
Nous voilà ensemble
Unis vers l'uni
Unis vers l'uni
Unis vers l'uni
Unis vers l'uni
Unis vers l'uni, unis vers l'uni
Unis vers l'uni »

Michel JONASZ, *Unis vers l'uni*, 1985.

Annexes

Note 14 :

Le fait que le concept de l'œuvre d'art finalisée ne puisse en aucune manière se détacher antérieurement de l'œuvre comme l'expression, le témoignage de son possible (ce qui en fin de compte vaut pour toute création immédiate, comme en particulier l'élaboration au premier stade : plan, définition, etc., ou pour l'expérimentation) ne disqualifie en rien sa définition préalable comme une expression virtuelle que l'artiste recherche et qui coïncide justement avec l'idée qu'il se fait de son œuvre, la manière dont il la ressent avant ou pendant qu'il la réalise. Les épures ou les tentatives qu'il effectue témoignent bien, alors, de cette définition de l'œuvre qu'il faut atteindre, ici déjà réside la définition de son possible qui la précède, de même que le résultat de l'expérimentation qui, prévisible ou non, est défini par les lois qui nous gouvernent.

Note 24 :

Concernant le principe d'émergence : sous un autre aspect, ce principe ne remet pas en cause ce qui a été dit sur l'antériorité du possible des choses. Au-delà de sa composition, si le tout a des propriétés différentes, au final ces propriétés restent « l'image », bien sûr, des relations entretenues ou possibles en son sein, mais aussi et surtout avec son environnement. *In fine*, c'est la cohérence globale du créé qui – *in potentia* – ouvre les possibles, même si la prédictibilité du phénomène et ses propriétés nous échappent (*cf.* réflexion sur la prédictibilité déjà présentée en note de bas de page n° 14, p. 17).

De même concernant ce que nous reconnaissons comme auto-organisation du vivant, le phénomène reste guidé par son milieu. La stabilité du monde, son équilibre ou son instabilité contrôlée s'opère nécessairement sur la base de relations qui cadencent son évolution. Toute réaction est donc constitutive d'une règle et portée par une règle, cette dernière fût-elle inaccessible à notre connaissance (s'il y a de l'organisation qui émerge du hasard pour notre finitude, il n'y en a pas pour l'Infini. Il n'y a de déterminisme que dans l'Absolu), ici s'opère la contingence de la continuité, de la reproductivité ou de la temporalité du phénomène, ainsi déjà sa définition, sa potentialité.

Note 56 :

« *Confesser la place essentielle du Christ dans le dessein créateur, en toute fidélité avec l'Écriture et par approfondissement nécessaire du mystère de notre création, implique seulement que le péché n'a pas à être présenté comme la seule raison d'être de l'incarnation du Seigneur. Indépendamment du péché qui l'entrave mais qui sur ce point ne le commande pas, le dessein éternel de Dieu est d'abord de nous diviniser. Dieu donne de la sorte à son œuvre de Créateur la plénitude de richesse à laquelle il veut nous introduire et que nous ne saurions atteindre du premier coup. Or, pour être ainsi divinisés, point n'est besoin que nous soyons d'abord pécheurs, il suffit que nous ne soyons pas Dieu par naissance et que Dieu veuille nous donner, par grâce, ce que nous ne serions jamais nous-mêmes par nature.* »
Gustave MARTELET, *Libre réponse à un scandale – la faute originelle, la souffrance et la mort*, Éd. Cerf, 1986. § Éclaircissements préliminaires XV, XVI.

Note 64 :

« *La logique du mal trahit celui qui lui a fait la moindre confiance. Tel est l'enfer – probablement : comprendre cette trahison ; ou plutôt, il s'agit de comprendre, dans cette trahison, que l'enfer, c'est l'absence de tout autre. Et ceci doublement. Par le suicide (comme achèvement de la vengeance), la logique du mal détruit, avec l'adversaire, la possibilité même de toute relation future, donc de toute justice future : la vengeance comme amputation du possible ; plus, le suicide détruit en moi la possibilité et la dignité de témoin d'une relation possible, bref abolit l'écart interne à la personne (distance) qui, d'avance, l'approprie à la possibilité même d'une communion. Après le suicide (vengeance), l'autre se trouve exclu du monde possible : tout autre devient impossible parce que la logique du mal a détruit en moi-même l'espace d'altérité (distance). L'enfer, c'est donc le moment où l'âme se retrouve enfin seule, ou, comme on dit avec une naïve envie, "unifiée" : veuve de la distance, seule non seulement parce qu'isolée, mais surtout parce que constitutivement*

impuissante à soutenir l'écart d'avec soi-même qui rend seul possible l'accueil d'un autre comme autre. L'âme ne se découvre ainsi seule, qu'autant qu'elle se fait solitude. L'enfer enferme : il enferme l'âme sur soi, d'un renfermement qui, à se clore toujours plus étroitement, n'en finit pas de rétrécir la maîtrise promise sur le monde à rien, ou plutôt à réduire le monde où s'exerce cet empire souverain strictement à rien. L'enfer enferme parce qu'il interne l'âme en elle seule. L'enfer enferme l'âme en soi. »
Jean-Luc Marion, « Le mal en personne », *in* Revue catholique internationale *Communio*, 1979, tome IV, n° 3 : Satan, « mystère d'iniquité », p. 37.

Note 150 :

« [...] *je constate qu'à partir de nos analyses, ce n'est pas le seul Ancien Testament, ce sont toutes les religions de l'humanité qui apparaissent comme des étapes intermédiaires entre l'animalité et l'enjeu de la crise actuelle, à savoir notre disparition définitive ou notre accession à des formes de conscience et de liberté que nous soupçonnons à peine, tout emmaillotés de mythes que nous sommes, mythes de la démystification désormais, que nous croyons mener à bien par nos propres moyens et qui nous entraînent droit vers la mort dès qu'il ne reste plus d'Autres à démystifier* [...] »
René Girard, *Des choses cachées depuis la fondation du monde*, *op. cit.*, p. 466.

Bibliographie

Ouvrages, textes et articles :

AUGUSTIN d'Hippone, *De la Genèse au sens littéral*, livre IV – les jours de la création –, *in* RAULX (Jean-Baptiste) (dir.), *Œuvres complètes de Saint Augustin*, tome IV, Éd. Louis Guérin & Cie, 1864.

BACHELARD (Gaston), *Études*, Éd. Vrin, 2002.

BERGSON (Henri),

La Pensée et le Mouvant, Éd. Presses universitaires de France, 2013.

Le Possible et le Réel, Éd. Presses universitaires de France, 2015 (2e édition).

BUBER (Martin), *Je et Tu*, Éd. Flammarion, coll. Philosophie (Aubier), 2012.

CASTEL (Pierre-Henri), *Le Mal qui vient*, Éd. Cerf, 2018.

CHARON (Jean-Émile),

Théorie de la Relativité complexe, Éd. Albin Michel, 1977.

L'Esprit et la Relativité complexe, Éd. Albin Michel, 1983.

CHOURAQUI (André), *L'Univers de la Bible*, Éd. Lidis, tome VI, 1984 – tome IX, 1985.

D'ESPAGNAT (Bernard), « Une réouverture des chemins du sens ? », *in* STAUNE (Jean) (dir.), *Science et quête de sens*, Éd. Presses de la Renaissance, 2005.

DOSTOÏEVSKI (Fédor Mikhaïlovitch), *Les Frères Karamazov*, 1879-1880, trad. CHAPIRO (Marc), tomes 1 & 2, Éd. Rencontre, 1968.

DUMONT (Louis), *Essais sur l'individualisme : une perspective anthropologique sur l'idéologie moderne*, Éd. Seuil, 1983.

DUMOUCHEL (Paul), DUPUY (Jean-Pierre), *L'Enfer des choses : René Girard et la logique de l'économie*, Éd. Seuil, 1979.

DUPUY (Jean-Pierre),
Pour un catastrophisme éclairé – Quand l'impossible est certain, Éd. Seuil, 2002.
« Fabriquer de l'auto-organisation », *in* Revue *Teilhard Aujourd'hui* éditée par l'Association des Amis de Pierre Teilhard de Chardin, n° 33, Lire l'Évolution, 2010.

EISENBERG (Josy), ABECASSIS (Armand), *À Bible ouverte II. Et Dieu créa Ève*, Éd. Albin Michel, 1979.

EISENBERG (Josy), STEINSALTZ (Adin), *L'Alphabet sacré*, Éd. Fayard, 2012.

GIRARD (René),
Mensonge romantique et Vérité romanesque, Éd. Grasset, 1961.
La Violence et le Sacré, Éd. Grasset, 1972.
Des choses cachées depuis la fondation du monde, Éd. Grasset, 1978.
Je vois Satan tomber comme l'éclair, Éd. Grasset, 1999.

GRELOT (Pierre), *Réflexions sur le problème du péché originel*, Éd. Casterman, 1968.

GROSSMAN (Lisa), « Why physicists can't avoid a creation event? », *in New Scientist Magazine*, n° 2847, 11 janvier 2012.

GUILLAUD (Frédéric), *Dieu existe : Arguments philosophiques*, Éd. Cerf, 2013.

ILLICH (Ivan), *Énergie et Équité*, Éd. Seuil, 1973.

JONAS (Hans), *Le principe responsabilité*, Éd. Cerf, 1990 (trad. française).

JONASZ (Michel), *Unis vers l'uni*, 1985.

KLEIN (Étienne), *Discours sur l'origine de l'univers*, Éd. Flammarion, 2010.

LAUPIES (Vincent), « La complexité évangélique du don », *in Au commencement était la :relation… Mais après ?*, Éd. La Découverte / Revue du MAUSS n° 47, 2016.

LAVELLE (Louis), *Traité des valeurs I : Théorie générale de la valeur*, Éd. Presses universitaires de France, 1991 (2e édition).

LEIBNIZ (Gottfried Wilhelm), *Principes de la nature et de la grâce fondés en raison*, 1714, publié par ROBINET (André), Éd. Presses universitaires de France, coll. Épiméthée, 2001 (4e édition).

LELEU-MERVIEL (Sylvie), USEILLE (Philippe), « Quelques révisions du concept d'information », *in* PAPY (Fabrice) (dir.), *Problématiques émergentes dans les sciences de l'information*, Éd. Lavoisier, coll. Hermès Science Publications, 2008.

MARION (Jean-Luc), « Le mal en personne », *in* Revue catholique internationale *Communio*, tome IV, n° 3, Satan, « mystère d'iniquité », 1979.

MARTELET (Gustave),

L'au-delà retrouvé, Éd. Desclée, 1975.

Libre réponse à un scandale – la faute originelle, la souffrance et la mort, Éd. Cerf, 1986.

Teilhard de Chardin, prophète d'un Christ toujours plus grand, Éd. Lessius, 2005.

Et si Teilhard disait vrai…, Éd. Parole et Silence, 2006.

MONOD (Jacques), *Le Hasard et la Nécessité*, Éd. Seuil, 1970.

NICOLESCU (Basarab), *Nous, la particule et le monde*, Éd. E.M.E., 1985.

ORSINI (Christine), *La Pensée de René Girard*, Éd. Retz, 1986.

OUAKNIN (Marc-Alain),

Concerto pour quatre consonnes sans voyelles, Éd. Balland, 1991.

Mystères de la Kabbale, Éd. Assouline, 2007.

OUGHOURLIAN (Jean-Michel),

Un mime nommé désir, Éd. Grasset, 1982.

Genèse du désir, Éd. Carnets Nord, 2007.

PARETO (Vilfredo), *manuel d'économie politique*, trad. BONNET (Alfred), Éd. Vincent Giard et Emile Brière, 1909.

PARMÉNIDE, *De la nature*, 490 av. J.-C.

RABELAIS (François), *Pantagruel*, 1532.

RAMOND (Charles), *Le Vocabulaire de René Girard*, Éd. Ellipses, 2005.

ROSPABÉ (Philippe), *La Dette de vie – Aux origines de la monnaie*, Éd. La Découverte / Revue du MAUSS, 1995.

ROVELLI (Carlo), *Et si le temps n'existait pas ?*, Éd. Dunod, 2014.

TARDITI (Claudio), « Manque d'être, désir et liberté : pour une comparaison entre Jean-Paul Sartre et René Girard », *in Le Philosophoire* n° 23 L'Humain, Éd. Le lisible et l'illisible, 2004.

TEILHARD de CHARDIN (Pierre),

Le Phénomène humain, Éd. Seuil, coll. Œuvres de Teilhard de Chardin, tome I, 1955.

Science et Christ, Éd. Seuil, coll. Œuvres de Teilhard de Chardin, tome IX, 1965.

TEILHARD de CHARDIN (Pierre), *suite*
Comment je crois, Éd. Seuil, coll. Œuvres de Teilhard de Chardin, tome X, 1969.
Le Cœur de la matière, Éd. Seuil, coll. Œuvres de Teilhard de Chardin, tome XIII, 1976. (publication posthume).

TRESMONTANT (Claude), *L'histoire de l'Univers et le sens de la Création*, Éd. O.E.I.L., 1985.

VILENKIN (Alexander), *Many Worlds In One: The Search for Other Universes*, Ed. Hill and Wang, 2006.

VINOLO (Stéphane), *René Girard : Du mimétisme à l'hominisation*, Éd. L'Harmattan, 2005.

VIVEKÂNANDA (Swâmi), *Les Yogas pratiques*, Éd. Albin Michel, 2005.

WHEELER (John Archibald),
« Information, Physics, Quantum: The Search for Links », *in* ZUREK (Wojciech Hubert) (dir.), *Complexity, Entropy and The Physics of Information*, Ed. Westview Press, 1990.
Geons, Black Holes and Quantum Foam: A Life in Physics, Ed. W.W. Norton & Company, 1998.

ZEILINGER (Anton), « *On the Interpretation and Philosophical Foundation of Quantum Mechanics* », *in* KETVEL (Urho) (et al.), *Vastakohtien todellisuus*, Ed. Helsinki University Press, 1996.

Textes religieux :

La Bible de Jérusalem, Éd. Cerf, 1973.
Ponctuellement : la Bible Louis Segond, 1910 ; la traduction officielle liturgique de la Bible (AELF : Association Épiscopale Liturgique pour les pays Francophones), 2013, et *L'Univers de la Bible* de CHOURAQUI (André), *op. cit.*

Le livre du Zohar.

Le Sefer Yetsirah.

Le Talmud – STEINSALTZ (Adin), Berakhot IV, trad. française Rabbin GUGENHEIM (Jean-Jacques), Éd. Biblieurope, tome X, 2002.

Le produit de la vente de cet ouvrage,
revenant de droit à son auteur,
est intégralement reversé à
des associations humanitaires et caritatives ou à
des organisations non gouvernementales
œuvrant pour un développement humain pérenne,
égalitaire et harmonieux.

En conséquence, l'auteur ne perçoit aucun revenu
de la publication de ce livre.

Achevé d'imprimer chez SoBook le 11-07-2022

Linselles - France

N° impression : 782 945